どうにもならなくなったように思えるときも、解決の道は必ずある。早めに専門家に相談して、気持ちも財布も楽になろう。

任意整理

取引開始時にさかのぼり、金利を利息制限法の上限に引き下げて再計算する（将来の利息がカットできる）方法

メリット

- ●未払い金利や遅延損害金等を支払う必要なし
- ●裁判所に出向く必要なし
- ●官報に名前が載らない
- ●財産を処分する必要なし
- ●職業の制限はない

利息 → 原則として金利をカット

元本

借金を減額・元本のみを3年程度の分割で返済

デメリット

- ●元本は返済しないといけない
- ●3年程度での支払いが必要なため、金額が多い場合は難しい
- ●個人信用情報に履歴が残り、新たなローンを組むことが困難になる

民事再生

住宅等の財産を持ったまま、大幅に減額された借金を原則3年で返済する方法

メリット

- ●財産を処分する必要がない
※あとは任意整理の場合と大体同じ

借金総額	最低弁済額
100万円未満	借金総額
100万円以上 500万円以下	100万円
500万円を超え 1500万円以下	借金総額の5分の1
1500万円を超え 3000万円以下	300万円
3000万円を超え 5000万円以下	借金総額の10分の1

デメリット

- ●借金がなくなるわけではなく、左図のように返済する必要がある
- ●住宅ローンは減額の対象にはならない
- ●官報に名前が載る
- ●個人信用情報に履歴が残る

自己破産

借金を支払えないことを裁判所に認めてもらい、法律上借金の支払いを免除してもらう方法

メリット

- ●借金を払う必要がなくなる
- ●自己破産の開始決定後に得た収入や財産は自由に所有できる

新しいスタートが切れる…

デメリット

- ●現在の価値で20万円を超える財産（現金の場合は99万円を超える額）は原則処分される
- ●官報に名前が載る
- ●特定の職業（警備員・弁護士など）につくことが一時的に制限される

【著者】

岡崎充輝（おかざき・みつき）

地元商工会で、中小企業の経理指導・経営指導をするかたわら独学でファイナンシャルプランナー資格を取得。税金から社会保険にいたるまで幅広い知識を駆使しながら、個人家計の顧問FPを目指し活動中。年間100名以上の家計相談をこなす一方、年間30回以上のセミナーの講師・地元FM局のパーソナリティーを務めるなど精力的に活動している。

（株）ヘルプライフオカヤ代表取締役のほか、生命保険相談センター、住まいのFP相談室岐阜大垣店を主催。

資格:2級ファイナンシャルプランニング技能士・日本ファイナンシャル・プランナーズ協会認定AFP・住宅ローンアドバイザー

【新版】図解 知らないとヤバイお金の話

2020 年 1 月 24 日第一刷

著　者	岡崎充輝
発行人	山田有司
発行所	株式会社　彩図社 東京都豊島区南大塚 3-24-4 MT ビル　〒 170-0005 TEL：03-5985-8213　FAX：03-5985-8224
印刷所	シナノ印刷株式会社

URL：https://www.saiz.co.jp
　　　https://twitter.com/saiz_sha

電子レンジを活用した調理

加熱特性を知り健康を支援する

肥後温子・村上祥子

共著

建帛社
KENPAKUSHA

ま え が き

　小・中・高等学校の調理実習時間が減っている中で，生活経験に乏しい児童・生徒が時間内に実習できるようにするために教師は苦労していると聞く。電子レンジには「食品を手早く昇温」させる利点がある。大学，短期大学，専門学校等においても，限られた時間内で実習を完了するために，「電子レンジによる時短調理」が役立つのではないかと考えて本書を企画した。

　従来の熱伝導加熱法では火の通りにくい野菜や芋類も，電子レンジで下ゆでし，煮たり，焼いたり，揚げたりすれば，手軽に野菜不足を補う一品ができ，少ない油でヘルシーな洋食ができる。また，マイクロ波の湯せん・軟化作用や発酵促進作用を利用すると，驚くほど短時間で菓子類やパンを作ることができ，実習品目を増やすことができる。電子レンジを利用すればガス火がふさがっていても作業ができ，洗い物も減るので，時短調理効果はかなり高い。熱伝導加熱法に比べて食材の栄養成分の損失が少ないこと，安全な調理法であること，省エネになることも広く知られるようになった。

　本書は「電子レンジの基礎知識」，「電子レンジの加熱特性を知るための実験」，「時短調理を活用した実習」，「生活支援のための利用」の４部構成となっている。

　電子レンジの仕組みや加熱特性を知った上で実習に着手するほうが理解しやすく，効率よく調理技術が習得できると考え，「電子レンジの基礎知識」，「電子レンジの加熱特性を知るための実験」を前半に配した。「時短調理を活用した実習」では，短時間で実習が行えるよう料理を選定し，素材の色，香り，うま味をそのまま残して仕上げるための調理のポイントを必要に応じて記した。また，健康増進や生活習慣病予防のための個食対応の食育に電子レンジを使った調理指導が役立つと考え，「生活支援のための利用」の項目を取り入れた。電子レンジは少量調理に向いていることから，ここでは離乳食・幼児食への展開も試みた。電子レンジ調理は従来の調理法より操作も簡便なので，実践してもらえる機会が増えると思われる。本書に掲載したレシピをもとに，低塩，低エネルギーながら誰が食べてもおいしいと感じられる献立への発展が望まれる。

　多くの人が電子レンジを毎日のように使っており，電子レンジの使用で「忙しくても効率よく調理をするようになった」と回答した人が７割近くに達したという調査結果もある。学生の関心は時代に即応した実習に対して高い。大学の実習に電子レンジを取り入れたところ，「簡単でおいしい」，「実習品目が多いのに早く終わるのは電子レンジのおかげ」と，学生にたいへん好評であった。

　電子レンジという『ブラックボックス』に光が当たり，『ヘルシーライフへの利用』が増えることを願っている。

　2020年1月

肥後 温子
村上 祥子

もくじ

Ⅲ　時短調理を活用した実習　　　　51

Ⅳ　生活支援のための利用　　　　113

調理・料理一覧

電子レンジの基礎知識

1. 電子レンジの誕生と普及

電子レンジ（microwave oven）は，マイクロ波を熱源とし，食品を自己発熱させて加熱する加熱器である。身近にある加熱法がすべて外部で熱を発生させて食品の内部に伝達する「熱伝導加熱法」であったため，スイッチを入れるやいなや瞬時に湯気が出る「マイクロ波加熱方式」の電子レンジは，発売当初は目新しく驚きをもって迎えられた。

第二次世界大戦終結直後の1945（昭和20）年，パーシー・スペンサー博士がレーダーの研究中にポケットのチョコレートが軟化していることに気付いたのを契機にマイクロ波加熱の研究が始まり，1953（昭和28）年にアメリカのレイセオン社より「レーダーレンジ」の名称で商品化された。

わが国では，「電子レンジ」の名称で，1961（昭和36）年に国産1号機（出力1〜1.5kWの業務用）が商品化され，ドライブインや1964（昭和39）年開業の東海道新幹線のビュッフェに装備された。発売当初の電子レンジは高価（125万円）であったため，高級感のあるひびきをもつ「電子」の名が採用されたが，実際には「電波」レンジである。

高度成長経済に支えられて，1965（昭和40）年には家庭用電子レンジが登場し，昭和50年代になると同じ庫内にマイクロ波とヒータが内蔵された複合タイプの「オーブンレンジ」が開発された。さらにオーブンレンジは，調理のでき具合を判断する温度または湿度センサと火加減を調整するマイコンを備えて多機能化し，温め，解凍，下ゆで，茶わん蒸しやケーキ作りなど多数の自動回路をもつ「センサ付オーブンレンジ」へと発展した。

オーブン料理へのあこがれを満足させ，加熱時間設定のわずらわしさを解消した多機能型オーブンレンジは人気商品となり，冷凍食品や市販惣菜の増加，核家族化や個食化が追い風となって普及率は右肩上がりに上昇した。1985（昭和60）年に50％台であった普及率が1995（平成7）年には90％になり，2015（平成27）年には97％を超えた。

2000年代になると，過熱水蒸気発生機能を備えた「スチームオーブンレンジ」や，ターンテーブルのないフラットタイプの機種が登場した。電子レンジは「スピード化・簡便化」路線，「多機能・自動化」路線から，「おいしさ・健康」路線へと転換し，食生活に欠くべからざる加熱調理器として定着している。

2. 電子レンジの加熱原理と加熱特性

（1）加熱原理

　電子レンジは，2,450MHz（メガヘルツ，1秒間に24億5千万回振動する）のマイクロ波を熱源として，食品を「誘電加熱」する加熱器である。マグネトロンと呼ばれる電波発信器から照射されたマイクロ波が，金属壁で反射しながら食品に吸収され，正負に帯電した食品中の構成分子は電界の変化に追従しようとして激しく振動回転し，分子摩擦によって食品の内部で熱が発生する。マイクロ波加熱法は，赤外線や遠赤外線加熱法と同じく電磁波の放射熱を利用した加熱法であるが，電磁波の浸透距離が深く，食品の内外から一斉に発熱するため，画期的なスピード加熱が可能となった。

　単位体積当たりの発熱量Pと，電力半減深度D（吸収された電力が減衰して入射点の半分になる浸透距離）は，次式より計算できる。誘電損失係数 $\varepsilon r \cdot \tan \delta$ は被加熱物の電気的性質に由来する係数，周波数 f と電解強度Eは加熱器に由来する係数である。

$$P = 0.556 \, \varepsilon r \cdot \tan \delta \cdot f \cdot E^2$$
$$D = 3.31 \times 10^7 / f \cdot \sqrt{\varepsilon r \cdot \tan \delta} \quad (m)$$

　$\varepsilon r \cdot \tan \delta$ が大きい物質ほど発熱量は多いが，大きすぎると入射時の電波の吸収が強すぎて減衰が著しく，電波の浸透距離が短くなることがわかる。

（2）加熱特性

　電子レンジの加熱は，次のように進行すると推察される。マイクロ波は，①庫内の空気には吸収されず，光と同じ速さで包（装）材（ラップなど）に達する。②包材にもほとんど吸収されず，大部分通過（透過）して食品に達する。

　食品には効率よく吸収されるが，食品によって誘電損失係数と電力半減深度が異なるので，さまざまな昇温状態になる（次節3参照）。①乾物や油脂食品は，誘電損失係数が小さく，電力半減深度が20cm前後と大きい。②塩味の付いた食品は，誘電損失係数が大きく，電力半減深度が1cm以下と小さい。③食品が凍結すると分子運動が妨げられて誘電損失係数が小さくなり，電力半減深度が2〜3桁も大きくなる。

　電子レンジの加熱特性（熱伝導加熱法との相違点）をまとめると，表Ⅰ-1のようになる。

　また，水と油の昇温速度の違いを，電力半減深度を使って説明すると，図Ⅰ-1のようになる。

表Ⅰ-1　電子レンジ（マイクロ波加熱法）の加熱特性

加熱の進行 （熱伝導加熱法 との比較))	熱伝導加熱法（ゆで加熱の場合）：熱源→鍋→水→食品外部→食品内部と熱が伝わる。 マイクロ波加熱法：熱源→食品外部・食品内部と熱が伝わる。
マイクロ波の 浸透距離	乾燥食品・油脂食品 約20cm，米飯 約5cm，生鮮食品・水 約1〜4cm，塩味の付いた調味食品 1cm以下，冷凍食品10cm以上。
マイクロ波加 熱の特徴	スピード加熱：再加熱に便利，省エネになる。酵素が働きにくい。 内部加熱：膨れやすい。脱水量が多い。破裂することがある。 クール加熱：容器包材ごと加熱できる。焦げ目が付きにくい。

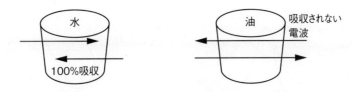

水の場合：誘電損失係数　5〜15　　　油の場合：誘電損失係数　0.2〜0.5
　　　　　電力半減深度　1〜4cm　　　　　　　　電力半減深度　20cm前後
図I-1　水と油の昇温速度に差がある理由
水の場合には100mLで100％の電波が吸収されるが，油の場合には100mL
では約2割の電波しか吸収されず，500mL付近になると100％吸収される。

3. 各種食品の昇温モード

（1）食品の構成成分の影響

　約100種類の食品について，食品の含水率や塩分濃度によって電子レンジ加熱の昇温状態がどう変化するか調べた結果を紹介する。図I-2は，各種食品100 gを，横幅12cmの汎用型容器に詰めて電子レンジで加熱し，赤外線放射温度計で測定した昇温図である。電力半減深度が大きい乾物や油脂食品は図の左枠内に，電力半減深度が小さい塩味の付いた食品は右枠内に，半減深度2〜10cmの食品は米飯を中心に中央枠に並ぶ結果となった。

　水分の少ない食品は電力半減深度が大きいので，多方向から入射した電波が減衰しながらも内部で重なり合い，中心部の方が強く加熱されたと考えられる。一方，半減深度が1cm以下の塩味の付いた食品は，端部だけが強く加熱されて極端な外部加熱となり，内部に未加熱部が残存する結果になった

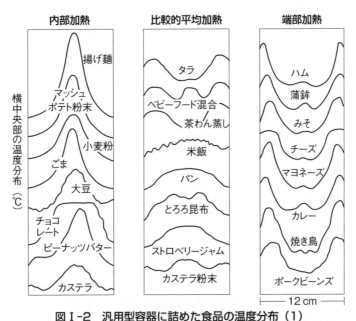

図I-2　汎用型容器に詰めた食品の温度分布（1）
（肥後温子，島崎通夫：マイクロ波加熱による昇温特性の分類―各種食品の
温度分布．家政誌，41，585〜596，1990）

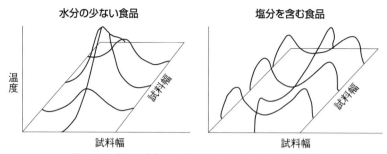

図I-3　汎用型容器に詰めた食品の温度分布 (2)

水分の少ない食品（揚げ麺，チョコレートなど）は内部が加熱され，塩分を含む食品（ハム，カレーなど）は端部が加熱される。

と考えられる（図I-3）。マイクロ波加熱法では，電波が入射した部分のみが強く加熱され，熱が拡散する時間的余裕がないので，加熱むらが解消されないまま残ると考えられる。また，半減深度の2〜2.5倍の食品なら内部まで瞬時にほぼ均一加熱されるとされるので，半減深度が約5cmの米飯は幅12cmの容器内でほぼ均一に加熱されたと考えられる。

　なお，電子レンジは水分子が振動回転して発熱すると説明されるため，水分の多い食品の方が昇温しやすいと思っている人がいる。しかし，実際には水分の少ない食品のほうが昇温しやすく，マイクロ波加熱の特徴であるスピード加熱効果，内部加熱効果が発揮されやすい点に留意してほしい。

（2）食品の形状等の影響

　マイクロ波加熱時の昇温モードは，食品の形状，大きさ，密度などにも影響を受ける。横・上下・斜め方向から電波が入射しやすい食品の角や周辺部は，温度が上がりやすい傾向がある（エッジランナウェイという）。一方，球体や円形状をした食品は，レンズの集光効果によって電波が中央に集まりやすいため，中心部のほうが昇温しやすい傾向がある（第II章2参照）。

4. 電子レンジ庫内の加熱むらと給電方式

　電子レンジに使われているマイクロ波は波長が12.2cmと長く，6cmごとに強弱の電波強度の波ができるため，庫内で加熱むらが発生しやすい欠点がある。ターンテーブルを取り付けたり，ファンで電波を散らしたり，加熱むらを解消するための対策が電子レンジ本体にほどこされてきたが，食品を生から加熱する場合に加熱むらのダメージは大きく，「電子レンジで調理したものはおいしくない」といわれる原因となってきた。ターンテーブルがある場合には，同心円に並べた食品の昇温速度はほぼ同じになるが，上下の温度差は解消されない。下に皿を敷くなどして高低差を変えると，昇温状態を変えることができる（第II章1参照）。

　最近，ターンテーブルのないフラット式が，手入れしやすく，庫内が広く使えると好評で，8割以上のシェアを占めるほどになった。フラット式には，底部の回転アンテナによって下から電波を拡散して庫内に行き渡らせる「下からシャワー方式」が採用されている。ターンテーブル式（側面給電方式）とフラット式（下部給電方式）の違いを図I-4に示す。給電方式の違いだけでなく，庫内の電波密度の違いも表示した。加熱むらはマイクロ波を使うかぎり発生する宿命なので，その欠点を理解しな

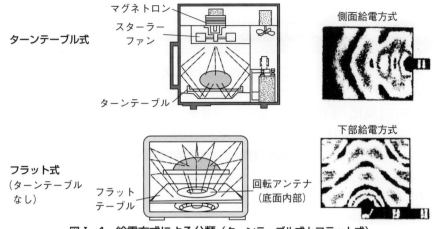

図Ⅰ-4　給電方式による分類（ターンテーブル式とフラット式）

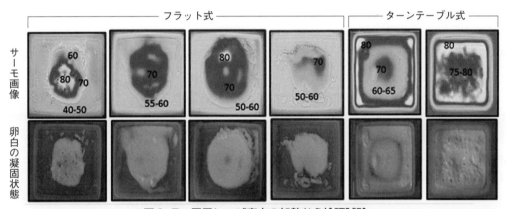

図Ⅰ-5　電子レンジ庫内の加熱むら検証試験

電子レンジ庫内ギリギリに入るポリプロピレン製容器に，卵白（中沢乳業製，冷凍）を底から1.5cmの高さに満たし，電子レンジ（出力500W）で6分間加熱し撮影した（数字は概要温度）。
（LDK 5月号，2019，晋遊舎）

がら上手に付き合うことが必要である。

　電子レンジの性能試験には，レンジ庫内の加熱むらを調べる検証試験が必ず含まれている。庫内各所に置いた複数の水入りコップを使って水温上昇速度を比較するマルチカップテスト（第Ⅱ章1参照）や，25個のマス目をもつ角形タンクの水温上昇速度を比較するテスト，底面に並べたシュウマイなどの食品の昇温速度を比較するテスト，卵白の凝固状態を比較するテストなどさまざまある。

　機種によって，照射モードは異なる。庫内の中央部が加熱されやすいタイプ（電波集中方式）と，端部が加熱されやすいタイプ（電波分散方式）がある。マイクロ波の強く当たる場所を知った上で，効率よく利用したいものである。

　ターンテーブル式3機種を含む電子レンジ14機種を使って庫内の加熱むらを検証したところ，フラット式は中央部が加熱されやすく，ターンテーブル式は周辺部が加熱されやすかったという結果が報告されている（図Ⅰ-5，図に示すのは結果の一部）。

5. 電子レンジの用途

電子レンジには，「食品を手早く昇温する」利点を生かした，幅広い用途がある。①温め（再加熱），②解凍，③下ゆで・下ごしらえ，④調理・部分調理，⑤残り物のリフォーム，⑥湯せん（バター，チョコレートなどの溶解），⑦軟化，⑧殺菌・日持ち延長，⑨乾燥・仕上げ乾燥，⑩発酵と熟成などである。

① **温め（再加熱）**：器や包材ごと温めることができ，焦げついたり，煮詰まったりすることがない。おしぼりや皿の温めもできる。「自動温め機能」には，熱いものをおいしく味わえるとされる65℃前後を中心に，汁物は高め，牛乳と酒の燗はやや低めの温度で口にできるよう温度設定されている。カチカチのアイスクリームをほどよく軟らかくしたり，好みによって高め・低めの温度にしたりできる機能も設定されている（図Ⅰ-6）。

② **解　凍**：生鮮食品の生もの解凍と調理済み食品の解凍即加熱ができる。自然解凍や流水解凍に比べて，解凍時間が短いために鮮度落ちが少なく，細菌が増えないので衛生的である。半解凍して果物シャーベットを作ることもできる。「自動解凍機能」には，重量センサで加熱モードを判定して出力を段階的に低下させ（500 → 300 → 150 → 80Wなど），−5℃（半解凍）まで昇温したら加熱を終了する回路が組み込まれている。−5℃になれば切断もバラシも可能なので作業に支障はなく，過加熱による部分焼けやドリップ量の増加を防止できる。手動解凍の場合には弱出力（200W前後）を使うよう指示しているメーカーが多いが，自動機能を使うほうが失敗なく解凍できる。

③ **下ゆで・下ごしらえ**：時間のかかる野菜や芋類を，あらかじめレンジ加熱して煮物や揚げ物にすると，早くきれいに仕上がり，味もよい。豆腐の水切り，わかめの色出し，にんにくの臭み抜きなどの下ごしらえにも利用できる。

④ **調　理・部分調理**：ゆで物，蒸し物，蒸しゆで，蒸し焼きに適し，煮物は少量調理に向く。シロップ，カスタードクリーム，ホワイトソース，炒め玉ねぎ（玉ねぎの甘み出し）作りなどの部分調理にも利用できる。

⑤ **残り物のリフォーム**：冷やご飯を混ぜご飯・丼ぶり・おじやに，市販切り餅を大福餅・からみ餅に，ビスケットやクッキーをタルトに変身させることができる。

⑥ **湯せん**：バター，チョコレート，チーズ，ゼラチンを溶かして，ケーキやフォンデュ作りに利用する。固まったはちみつ，水あめ，ラードや鶏油を溶かすこともできる。

⑦ **軟　化**：まんじゅうや鯛焼きをできたてのように，餅をつきたてのように軟らかくできる。乾燥珍味を軟らかくして食べやすくしたり，レモンやすだちを絞りやすくしたりすることができる。

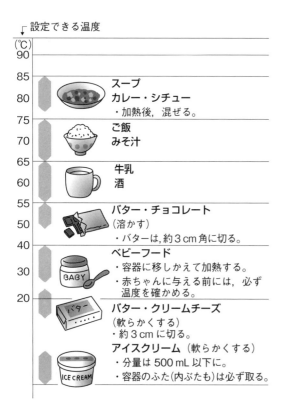

┌ 設定できる温度

図Ⅰ-6　温め機能の活用―お好み温度の目安
（取扱説明書より作成）

⑧ **殺菌・日持ち延長**：調乳の殺菌，生菓子の日持ち延長（包材のまま加熱すれば二次汚染を防止できる），そばつゆや常備菜の火入れができる（加熱むらが出ないよう気を付ける）。

⑨ **乾燥・仕上げ乾燥**：パンを乾かしてパン粉・ラスク・クルトン・かりんとうに，じゃこ・だしがら・わかめ・パセリ・青じそ・ハーブ類を乾かしてふりかけにする。湿った煎餅をパリパリにしたり，ドライフラワーを作ったりすることもできる。

⑩ **発酵と熟成**：パン生地，ピザ生地の発酵を促進して（30〜40℃まで加熱），時短作成できる。果実酒，コーヒーリキュール，ドライフルーツの洋酒漬け，野菜のぬかみそ漬け・浅漬け，ピクルスの熟成を促進して，時短作成することができる。

6. 推薦メニューと定番メニュー

　食スタイルの洋風化，グローバル化に伴って，「煮炊きする」に対応できる伝統的な湿式調理器に加えて，「焼く」に対応できる乾式調理器が増えてきた。電子レンジと競合する乾式調理器だけでも，オーブン，オーブントースター，グリル，ロースターなどがある。加熱器の種類が多すぎて使い分けが難しいという人も少なくないので，電気・ガスメーカー8社に調理機器を使った「推薦したいメニュー」を挙げてもらったことがある。

(1) 推薦メニュー

　単機能電子レンジの推薦メニューとして，「ポテトサラダ」，「野菜のゆで物」，「赤飯・おこわ」，「鶏の酒蒸し」，「酒の燗」，「生もの解凍」などが挙げられた。マイクロ波加熱に適した料理は，ゆで料理，蒸し料理などの湿式調理であることがわかる。

　一方，庫内を温めてじっくりと調理するオーブン（蒸し焼き）の推薦メニューとして，「グラタン」，「ケーキ」，「パイ」，「クッキー」などが挙げられた。また，熱源が食品に近く短時間で焦がすことができるオーブントースター（あぶり焼き）の推薦メニューとして，「トースト」，「ピザ」，「グラタン」，「焼き餅」，「焼きおにぎり」などが挙げられた。

　センサ付き多機能オーブンレンジ4機種の料理ブックを見比べてみると，マイクロ波を多用したメニューとオーブンを多用したメニューが多数掲載されている。そのほかに，グリルを使用したメニュー（魚の塩焼き，照り焼き，焼きとりなど）と，スチームを使用したメニュー（魚のちり蒸し，シュウマイ，茶わん蒸しなど）があり，スチームを使用したメニューの中にはマイクロ波を併用したものもかなりあることがわかった。

(2) 定番メニュー

　マイクロ波を多用したメニューのうち，4機種中2機種以上に同じメニューが掲載されているものを「定番メニュー」として書き出してみた（表I-2）。「野菜・肉・魚介類の蒸し物」，「野菜類のあえ物・サラダ」，「野菜・芋の下ゆで・下ごしらえ」の利用例に加えて，炊飯，煮物，スープ，菓子類への利用例も掲載されている。

　マイクロ波加熱法は，蒸し料理，ゆで料理を主体に，時間のかかる芋や野菜を手早く調理する補佐役として力を発揮するほか，幅広い用途に対応していることがわかる。

表Ⅰ-2 マイクロ波を使った定番メニュー

用途	定番メニュー
蒸し物	野菜・肉・魚介類の蒸し物，鶏の酒蒸し
煮物	野菜の煮物，肉じゃが，カレイの煮付け，カレー，ビーフシチュー
和え物	小松菜のサッとあえ，なすのあえ物，酢ごぼう，ブロッコリーの梅マヨネーズあえ
炒め物	きんぴら，麻婆豆腐
サラダ	かぼちゃのサラダ，ブロッコリーとコーンのサラダ
スープ	パンプキンスープ，具だくさんスープ
下ごしらえ部分調理	野菜・芋の下ゆで，豆腐の水切り，にんにくの臭み抜き，炒め玉ねぎ，ホワイトソース，りんごの甘煮
乾燥	ふりかけ，田作り
炊飯	ご飯，おこわ，ピラフ
菓子	レアチーズケーキ，あべかわ餅

7. 料理ブックにみられる手動操作法

　センサ付きオーブンレンジでは主要メニューの多くが「自動キー」に組み込まれているが，「手動で操作する場合に使用する熱源と出力」が料理ブックに掲載されている。4機種（A～D，表Ⅰ-2と同じ機種を使用）のマイクロ波を多用したメニューについて「手動操作法」を示すと，表Ⅰ-3のようになる。

　解凍は，どの機種も低出力のマイクロ波（100Wまたは200W）を使うよう指示されていた。しかし，中華まんの温めの場合には，600Wまたは1000Wマイクロ波，300Wマイクロ波＋スチーム，急ぐときは1000Wマイクロ波／しっとりさせたいときは水蒸気と，機種によって操作法が大きく異なった。

　また，野菜・芋の下ゆで，ゆで野菜サラダ，赤飯，ホワイトソース，煮物など多くのメニューで，機種によって手動操作に使うマイクロ波の出力が違うことがわかった。これらのメニューの手動操作に，A機種は600Wを多用し，C機種は1000Wを多用している。A・C機種は1000Wまで出力が出せるが，過加熱による失敗や加熱むらを減らす意図から，A機種は600Wを採用し，C機種は加熱時間が短く，また消費エネルギーが若干節約できる点から1000Wを採用したのではないかと考えられる。赤飯，ゆで野菜サラダなどにB機種はスチームを併用しており，D機種は水蒸気加熱を指示している。表には入れなかったが，茶わん蒸し，魚のちり蒸しなどのメニューは，スチームとの併用や水蒸気加熱を推奨する傾向がさらに強かった。

　なお，野菜の煮物，肉じゃがなど塩味で調味する煮物の場合には，A・B・C機種とも途中でマイクロ波の出力を下げて操作するよう指示していた。

表I-3　料理ブックにみられるマイクロ波多用メニューの手動操作法

メニュー	A機種	B機種	C機種	D機種
中華まん温め	600Wマイクロ波	300Wマイクロ波＋スチーム	1000Wマイクロ波	急ぐときは1000Wマイクロ波／しっとりさせたいときは水蒸気
ロールパン温め	600Wマイクロ波	500Wマイクロ波	500Wマイクロ波	急ぐときは500Wマイクロ波／香ばしくさせたいときは過熱水蒸気
解凍	200Wマイクロ波	100Wマイクロ波	—	200Wマイクロ波
野菜・芋の下ゆで	600Wマイクロ波	700Wマイクロ波	1000Wマイクロ波	1000Wマイクロ波
ゆで野菜サラダ	600Wマイクロ波	300Wマイクロ波＋スチーム	1000Wマイクロ波	1000Wマイクロ波／100℃水蒸気
赤飯	600Wマイクロ波	700W→300Wマイクロ波＋スチーム	1000Wマイクロ波（断続）	100℃水蒸気
ホワイトソース	600Wマイクロ波	700Wマイクロ波	1000Wマイクロ波	1000Wマイクロ波（断続）
野菜の煮物，肉じゃが	600W→200Wマイクロ波	700W→150Wマイクロ波	1000W→200Wマイクロ波	170℃過熱水蒸気

機種は，A：三菱電機，B：ナショナル，C：シャープ，D：シャープ「ヘルシオ」。
「X／Y」は「XまたはY」を，「X＋Y」は「XおよびYの併用」を，「X→Y」は「Xの後にYを併用」を表す。

8. 加熱時間の目安

　電子レンジ加熱の場合，スイッチを入れた瞬間からマイクロ波が入射し，食品の内外で電波の吸収と発熱が進行する。マイクロ波加熱法は球状食品の内部に熱が集まりやすい特性があるため，じゃが芋では内部の昇温が速く，1個（中150g）当たり3〜4分，3個なら8〜10分で加熱が完了する（出力500〜600Wの場合，第II章3，6参照）。

　一方，熱伝導加熱法では，ゆで加熱であろうとオーブン加熱であろうと，まず食品の表面温度が上昇し，食品内部へと伝導で熱が移動する。食品は熱伝導速度が遅いため（食品の熱伝導率は金属の1/100以下である），丸ごとのじゃが芋を可食状態まで加熱するのに30分かかることが少なくない（図I-7）。

電子レンジ加熱2分，3分／個　　　　　　ゆで加熱10分，20分／個

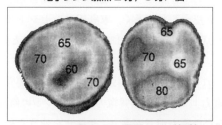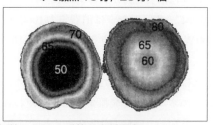

図I-7　電子レンジ加熱とゆで加熱したじゃが芋の内部温度
1個約150gの男爵芋を加熱後，中央部で切断してサーモグラフィで撮影，数字は温度（℃）

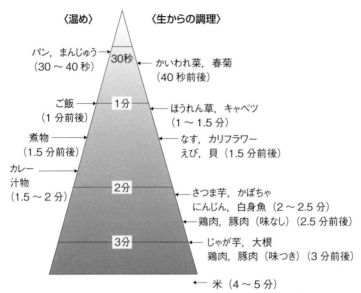

〈温め〉　　　　〈生からの調理〉

パン，まんじゅう　→ 30秒 ←　かいわれ菜，春菊
（30～40秒）　　　　　　　　　（40秒前後）

ご飯 →　1分　← ほうれん草，キャベツ
（1分前後）　　　　　　　　　　（1～1.5分）

煮物 →　　　　　← なす，カリフラワー
（1.5分前後）　　　　　　えび，貝（1.5分前後）

カレー
汁物 →　　2分　← さつま芋，かぼちゃ
（1.5～2分）　　　にんじん，白身魚（2～2.5分）
　　　　　　　　← 鶏肉，豚肉（味なし）（2.5分前後）

　　　　　　3分　← じゃが芋，大根
　　　　　　　　　鶏肉，豚肉（味つき）（3分前後）

← 米（4～5分）

図I-8　食品100g当たりの電子レンジ加熱時間の目安（出力500W）
出力600Wの場合はこの約5/6，700Wの場合は約5/7，1000Wの場合は約1/2となる。

　冷やご飯1杯（150g）の温めなら電子レンジ（出力500～600W）では1分～1分20秒，蒸し加熱では約15分，1枚（200g）の鶏の酒蒸しなら電子レンジでは3～4分，従来加熱法では約15分，2カップの赤飯の調理なら電子レンジでは14～16分，従来加熱法では約50分となる。つまり，電子レンジを使うと加熱時間は従来加熱法の1/3以下となり，燃費も低くなることが多い。

　食品100g当たりの加熱時間の目安を，図I-8に示す。加熱時間は，加熱する食材の量に比例して長くなるので，量が少ないほどスピード加熱効果が発揮できる。ただし，加熱時間は食材によっても異なること，塩味が付くと内部の昇温が遅くなるためスピード加熱効果が発揮されにくくなることに留意する必要がある。

9. 電子レンジの省エネ効果と電気代

　現代社会では消費エネルギー量が増え続け，炭酸ガス，フロン，メタンガスが地球温暖化に深刻な影響を与える中で，省エネルギーセンターでは「省エネライフのために電子レンジを活用しましょう」と呼びかけている。野菜や芋の下ごしらえに電子レンジを使用して鍋に入れて煮込んだり，焦げ目を付けた後に電子レンジで仕上げたりすると，ガス代が大幅に節約されるという（表I-4）。

　「電子レンジは消費電力が大きいのに，省エネになるのですか？」と，疑いの目で聞き返されることがある。確かに，電子レンジは消費電力1000W付近を使うことが多く，家庭用コンセントの使用限界である1500W付近の電力を使うこともある（出力1000Wの消費電力は，1240～1460Wであるといわれている）。

　「出力」とは「庫内に入れた物を温めるために使われるエネルギーの強さ」であり，「消費電力」は「マイクロ波エネルギーを発振するために使われる電力」である。消費電力（電子レンジの側面に表示されていることが多い）には，「変換ロス」と呼ばれるむだな電力消費があり，センサを使うための電力も含まれる。古い電子レンジは変換効率が1/2程度と低く，消費電力1000Wで出力500Wでしかなかっ

表Ⅰ-4　下ごしらえに電子レンジを用いた場合の省エネ効果

葉菜（ほうれん草，キャベツ）の場合	ガスこんろ：ガス使用量は年間で8.32m³，約1,500円
	電子レンジ：電気使用量は年間で13.21kWh，約360円
	ガスこんろから電子レンジに変えた場合，年間差額1,140円の節約，CO_2削減量12.1kg
根菜（じゃが芋，さと芋）の場合	ガスこんろ：ガス使用量は年間で9.48m³，約1,710円
	電子レンジ：電気使用量は年間で22.01kWh，約590円
	ガスこんろから電子レンジに変えた場合，年間差額1,120円の節約，CO_2削減量10.3kg
果菜（ブロッコリー，かぼちゃ）の場合	ガスこんろ：ガス使用量は年間で9.10m³，約1,640円
	電子レンジ：電気使用量は年間で15.13kWh，約410円
	ガスこんろから電子レンジに変えた場合，年間差額1,230円の節約，CO_2削減量13.0kg

　100gの食材を1Lの水（27℃程度）でゆでる場合と，電子レンジで下ごしらえをした場合を比較（365日，1日1回使用），算出の基準（金額）　電気27円／kWh，ガス180円／m³
（家庭の省エネ徹底ガイド　春夏秋冬2017，省エネルギーセンターを改変）

たが，10年ほど前から高出力を中心に変換効率が高くなり，新機種のほうが電気代の節約になるといわれている。

　では，消費電力が大きい電子レンジがなぜ省エネになり，電気代の節約になるのだろうか。「電気代は電気製品の使用時間と比例する」ためである。例えば，1000Wの電力を1時間使用した場合の電気代を27円（1kWh当たり27円），出力600W電子レンジ（消費電力を900Wとする）を，1日10分間作動させたとすると，1日の電気代は4.05円（27×900/1000×10/60），1か月の電気代は121.5円となり，30分間作動させたとしても1日の電気代は12.2円，1か月の電気代は365円である（第Ⅱ章7参照）。

　電子レンジをより効率よく使うためには，レンジ庫内を清潔に保つことや，食品を加熱されやすい場所に置くことも必要である。庫内に汚れがあると，汚れ物質にマイクロ波が吸収されてむだな電力を消費するし，発火する危険もある。また，ターンテーブル式は周辺部に食品を置くほうが加熱効率が高く，フラット式は中央部に置くほうが加熱効率が高い場合が多い。

10. 時短効果を生かした調理実習への利用

　調理実習では，「食品を手早く昇温」させる電子レンジの利点を生かし，熱伝導加熱法を補完して早くおいしく調理する方法を考える必要がある。電子レンジでゆでたり，蒸したりする場合には，あらかじめ湯沸しをする必要がない。ガス火がふさがっていても作業ができ，洗い物も減るので，時短効果はかなり高い。

　ただし，塩味が付くと電波の浸透距離が浅くなるので，多人数で行う調理実習には向かないことを認識する必要がある。市販されている「電子レンジで作るおかず料理集」は，1，2人分のレシピで書かれているので，煮物でも10分程度で調理できるが，4人分以上の煮物を作る場合には，調味する前の下ゆでのみにマイクロ波加熱を使ってガス火と併用するほうが，時短効果が高く，仕上がり状態がよいことが多い（表Ⅰ-5）。

　① **ゆで物，蒸し物への利用**：野菜や芋類を切った後にふり水をし，ラップで包んで電子レンジ加熱すると，蒸しゆでのような仕上がりになり，素材の持ち味と栄養成分が残るメリットもある。おひたし，ごまあえ，白あえ，サラダ，ホットサラダ，マリネ，ナムル，鶏や魚介の酒蒸し，豆腐やタラの

表 I-5　食材量の違いと電子レンジの加熱時間（出力600Wの場合）

メニュー（材料）		4人分	2人分	1人分
ほうれん草のごまあえ （ほうれん草）	加熱時間 分量	4分強 約300g	2分強 約150g	1分30秒 約80g
なすの冷製 （なす）	加熱時間 分量	4～6分 約400g	2～3分 約200g	1分30秒 約100g
肉じゃが （じゃが芋，玉ねぎ， にんじん，牛薄切り肉 など＋調味料）	加熱時間 分量	45～60分 （弱加熱を含む） 約1,200g （途中で調味する場合 が多い）	14～20分 約600g （途中で調味する場合 と最初から調味する場 合がある）	7～10分 約300g （最初から調味する）
かぼちゃの甘煮 （かぼちゃ＋調味料）	加熱時間 分量	25～30分 （弱加熱を含む） 約400g	6～10分 約200g	3～5分 約100g

（複数の料理ブックより抜粋）

ちり蒸し，ゆで豚等に適している。おこわ（赤飯，山菜おこわ，中華おこわ）への利用もよい。

　② **下ゆで，部分調理への利用**：野菜を電子レンジで下ゆでし，フライパンで焼いたり炒めたりすれば，手軽に野菜不足を補うつけ合わせができる。火の通りにくいじゃが芋を下ゆでしてから揚げに，かぼちゃやさつま芋を下ゆでして天ぷらにすると，ホクホクとしておいしく，吸油率も減る。野菜の煮物に用いるさと芋やさやえんどうの下ゆで，ぶり大根に使う大根の下ゆで，金目鯛の煮付けの長ねぎの軟化・甘み出し，吸い物に使う青菜の加熱，グラタンやクリーム煮の炒め玉ねぎ，ホワイトソース，焼きそばの麺の加熱，抜絲地瓜（バアスヂゴワ）のさつま芋の加熱，スープのクルトン，散らし寿司の合わせ酢の加熱などもできる。

　③ **湯せん，軟化作用，発酵作用の利用**：40～50℃まで昇温させれば（ラップは不要），バター，チョコレート，チーズやゼラチンが簡単に溶け，イーストの発酵が活性化されるので，短時間で洋菓子，パンやピザができる。レアチーズケーキ，デコレーションケーキ，ロールケーキ，ゼリーなどの洋菓子だけでなく，ぎゅうひ餅，おはぎ，大福などの和菓子も簡単にできて，実習品目を増やすことができる。

11. おいしさを引き出すこつ

　電子レンジは加熱のスピードが速いだけに，加熱時間の設定が敏感に味に出る。過加熱は食品に取り返しのつかないダメージを与えるので，利用のこつの第1は「適正時間加熱すること」である（表 I-6）。脱水・乾燥しやすいので「乾燥を防ぐこと」，マイクロ波を吸収した部分だけが昇温して加熱むらが出やすいので「加熱むらを防ぐこと」も大切である。

（1）適正な加熱時間

　マイクロ波の出力，食品の種類（含水率や塩分濃度）や重量・温度，容器の材質や形・並べ方などによって異なる。

表Ⅰ-6　電子レンジ（マイクロ波）調理上の留意点

調理のこつ	適正加熱：設定時間は短めにし，不足なら追加する。 適量加熱：一度に大量に調理せず，小分けにする。 乾燥防止：ラップやふたの保温効果，保湿効果を利用する。 加熱むらの防止：大きさをそろえ，加熱の途中で裏返したり，かき混ぜたりする。加熱後にむらすと，余熱によって熱を拡散させることができる。
加熱時間	出力：加熱時間は出力に逆比例して短くなるが，計算通りの時間で加熱されないことも多い。 食品の種類：加熱時間は食品の含水率や塩分濃度によって異なる。 食品の重量：食品の重量にほぼ比例して加熱時間は長くなる。
使える容器	陶磁器，耐熱ガラス容器，耐熱プラスチック容器は使用可（ただし，マイクロ波を吸収するメラミン容器は不可）。金属，木製容器は使用不可。

①出力600Wを基準に加熱時間を概算すると，500Wの場合は約1.2倍，700Wの場合は約0.85倍，800Wの場合は約0.75倍，1000Wの場合は約0.6倍の加熱時間となる。高出力を使うほうが短時間で加熱できるが，加熱むらも出やすいので，500Wか600Wを使うほうがよい。

②食品100g当たりの加熱時間（出力600Wの場合）は，短いもので約30秒，長いもので約3分となる（図Ⅰ-8参照）。

③食品重量が2倍になると加熱時間は約1.7倍，3倍になると約2.6倍となる。

④食品の温度が5℃付近では，20℃（室温）の約1.3倍，−18℃付近では20℃の約2.3倍の加熱時間となる。

（2）乾燥防止

　脱水・乾燥しやすいので，「保湿」「保温」効果があるラップやふたを活用し（野菜や芋類ならポリ袋も使用できる），必要なら補水する。ただし，乾燥，湯せん，解凍などではラップは不要である。焼き物，揚げ物，炒め物では，ラップをしないほうがむれ臭がなく，パリ感が残りやすい傾向がある。

（3）加熱むら防止

　「マイクロ波を均一に浴びやすく」するために，並べ方・切り方に配慮し（広く浅く広げる，小さく均一に切るなど），必要ならかき混ぜや裏返しを行う。また，加熱後乾いたタオルをかけて「保温」すると，余熱によって熱が拡散して「むらし」効果が発揮されるため，芋類や米飯類はおいしくなることが多い（3分ほどの保温でも効果がある）。

（4）煮物調理，解凍のこつ

　塩味が付くと電波の浸透距離が浅くなるので，煮物では電子レンジ加熱した後に調味液を加え，加熱後30分以上放置して調味液を浸透させると，おいしくなる。

　解凍では，外気に触れて周囲が溶け始めると，桁外れに多くの電波が周囲に吸収され，内部が凍っているのに周囲が煮えてしまうという失敗につながる。カチカチに凍った冷凍食品を使うこと，半解凍（−5℃）で加熱を中止することが大切である。スピード解凍はデンプンを老化させないので，米飯，マッシュポテト，きんとん，ホワイトソース，カレーなどの解凍に適しており，分離液が少なく，風味や食感がよいとされている。

12. 栄養成分・機能成分の残存

電子レンジを使うと，野菜が手軽に調理でき，蒸し料理に近く油を使わないので，「ヘルシー料理」，「低カロリー食」と銘うった料理本が出版されてきた。また，水を使わず短時間でゆでたり，蒸したりできるため，水溶性のビタミンやミネラルが残りやすいことも知られるようになった。

電子レンジ加熱と蒸し加熱は，ゆで加熱とオーブン加熱に比べて，ビタミンC残存率が高いという報告は多い。ほうれん草とキャベツのビタミンC残存率が，電子レンジでは82％と93％，水でゆでた場合は69％と73％，さつま芋とりんごのビタミンC残存率は，電子レンジでは88％と92％，オーブン加熱した場合には共に35％になったと報告されている（表Ⅰ-7）。また，ビタミンB_1の残存率が5～15％高くなったという報告や，無機塩類の残存率が12～40％高くなったという報告がある（図Ⅰ-9）。

水を使わない電子レンジ加熱法は，ポリフェノールなどの抗酸化成分の残存率が高く，生活習慣病の予防や老化防止にも有効であるという。がん，糖尿病，高血圧などの生活習慣病や肥満，老化には，活性酸素やフリーラジカルが関与していることが知られている。加熱調理すると酸化酵素が活性を失うので，ポリフェノールの残存率は高くなるが，煮たり，ゆでたりする調理法では汁中への流失が避けられない（図Ⅰ-10）。

一方，電子レンジ加熱法は水を使わないため，栄養成分や機能成分の残存率が高く，食品の持ち味が残りやすいが，あくや生臭みも残ることが知られている。あくは，苦味と渋みが混ざった不味成分

表Ⅰ-7　ビタミンC残存率の比較

	従来調理器（煮沸，その他）		電子レンジ	
ほうれん草	煮沸5分，さらし1分	69％	加熱2分，さらし1分	82％
み　ず　菜	煮沸4分，さらし1分	47％	加熱2分，さらし1分	86％
キャベツ	煮沸5分	73％	加熱2分	93％
ピーマン	油炒め5分	79％	加熱1分40秒	80％
さ つ ま 芋	電気オーブン200℃，40分	35％	加熱1分40秒	88％
り　ん　ご	電気オーブン210～220℃，30分	35％	加熱3分	92％

（大阪市立環境科学研究所食品栄養課の実験データより，参考文献：生活衛生，13（4））

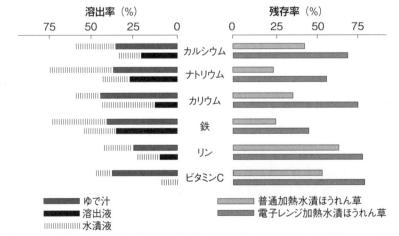

図Ⅰ-9　加熱，水漬けによる無機塩類の残存率および溶出率（ほうれん草の場合）
（小山セイ：弘前大学紀要，第16号，1966）

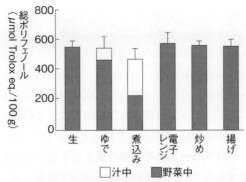

図 I-10　ピーマン調理時のポリフェノール量
（山口智子，的場輝佳：食生活，98, 10, 2004）

（カルシウム・マグネシウムなどの無機塩類，配糖体，サポニン，タンニン，アルカロイド，有機酸など）で，水溶性の成分が多い。電子レンジで加熱した後にも，色止めとあく抜きのために水さらしをするが，水中でゆでるよりあく成分の溶出は少ないとされる。

13. 色・味・食感にみる加熱特性

　電子レンジ加熱法は，昇温速度が速く，脱水量が多く，焦げ目が付かないために，従来の加熱法と，食味や食感が異なることは多い。

(1) 色

　レンジ加熱したキャベツやブロッコリーが鮮やかな緑色になることや，いちごジャムを作ると鮮やかな赤色に仕上がることが報告されている（表 I-8）。また，あずきの煮汁が赤飯を作るのに望ましいきれいな赤色を呈するとされる。スピード加熱特性が，退色しやすいクロロフィルやアントシアン色素の残存率を高めたためと考えられる。

(2) 味

　さつま芋を出力500Wの電子レンジでスピード加熱すると，糖化酵素（マルターゼ）がすぐに失活してしまうので，甘味がうすく感じられる（糖度13～16）。しかし，出力200W前後でゆっくり加熱すると，糖度が18～19に上昇し，脱水によって濃縮されるため，焼き芋に近い味・外観となり，蒸した芋より好まれる傾向があるという（第Ⅱ章9参照）。

　また，カリフラワー，ブロッコリー，キャベツなどの野菜は，ゆでた場合より甘味を感じることが多い。色が美しく，茎まで食べられると，おおむね好評である。しかし，ほうれん草，小松菜，もやしは，青臭みやあくの残留を感じることがあるとされる。

**表 I-8　電子レンジと電熱器加熱のいちご
ジャムの官能検査**

	電子レンジ	電熱器
香り高い	17.5**	2.5
色鮮やか	20***	0
粘度強い	2	18***
酸味強い	13.5	6.5
甘味強い	5	15*
全体として好ましい	17**	3

*5%，**1%，***0.1%の危険率で有意差あり。
（平山静子：家政誌，21, 1970）

（3）食　　感

　野菜をレンジ加熱すると，シャキシャキとした歯ごたえを感じることが多い（加熱し過ぎると，歯ごたえがなくなるほど軟化する）。蒸した場合に比べて重量減少が大きく，水溶性ペクチン量が少ないことが，硬さを感じる要因であろうとされている。

　大根やにんじんは，繊維っぽさが残ったり，へこみや収縮が出たりすることがある。こうした食材の場合には，水をひたひたに加え，ラップを落とし込むようにして加熱するとよい仕上がりになるので推奨したい。

　鶏肉をレンジ加熱すると，ブヨブヨとした肥育鶏の身を引き締めながら骨のまわりまでしっかりと火が通るので，適度に軟らかさもあり，骨離れがよいと好評である。

14. マイクロ波の産業利用

（1）業務用電子レンジの利用

　発売当初はすべて出力1kW以上の業務用であり，各地のドライブインでスピード調理の威力を発揮したり，新幹線のビュッフェに装備されたりして話題になった。現在では，コンビニエンスストア，ファミリーレストラン，ファストフード店，持ち帰り弁当店，居酒屋，喫茶店，ホテルなど，業務用電子レンジを必要不可欠な加熱器として採用する業界は多い。

　メモリーキーを押せば誰でも操作できるようにプログラムが入力されているので，アルバイトでも作業が可能になり，人手不足の解消に一役かっている。また，ストックした冷凍食材を使って品数を増やすことができたり，本店の味を支店で再現できたり，周囲が熱くならないので狭い店のスペースが有効活用できたりと，サービスの向上，経営合理化に貢献している。

（2）マイクロ波の産業利用

　「誘電加熱法」は，被加熱体の内部に深く浸透して，物質の内部からも熱を発生させる。マイクロ波の「スピード加熱特性」「内部加熱特性」「クール加熱特性」および「選択加熱特性」の産業分野への活用により，製造時間の大幅短縮，新製品の開発等の成果が次々と報告され，生産性の向上に役立っている。

　食品分野では，例えば，茶葉の乾燥時に表面ばかりが乾く熱風乾燥法にマイクロ波乾燥法を併用すると，粉茶になる割合が減って甘く品質のよい茶葉ができるとされる。膨化と乾燥とを同時に行う膨化乾燥加工は，インスタント食品の製造法として脚光を浴びてきた。また，周囲を熱くすることのない昇温特性は，包材ごとの加熱殺菌（日持ち延長）に生かされている（図Ⅰ-11）。マイクロ波による解凍時間は自然解凍法

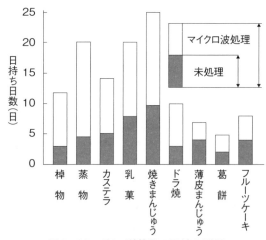

図Ⅰ-11　和・洋菓子の日持ち延長
　保存条件は，温度 30℃，湿度 75%
（鈴木実，山口聡，中村哲：最新マイクロ波エネルギーと応用技術，2014，産業技術サービスセンター）

の1/300以下であり，ドリップ（肉汁の流出）が少なく，細菌汚染がほとんどない品質のよいものであった。さらに，すだちの果皮からスダチチン成分を抽出するのに，既存法では18日間を要するが，マイクロ波法では数十分で抽出できるとされている。

　マイクロ波の産業利用は，食品（乾燥，殺菌，殺虫，解凍など）以外にも，繊維，木材，化学，窯業，ゴム，土木建設，原子力，廃棄物処理，プラズマ加工，医療（組織固定，温熱治療など）とあらゆる分野に及んでいる。

15. 熱伝導加熱法と異なる物性変化（軟化・硬化現象と膨化現象）

（1）マイクロ波加熱による軟化・硬化現象

　パン，中華まんじゅうなどのデンプン性食品を電子レンジで加熱すると，加熱直後は蒸したように軟らかいが，放置後急速に硬くなることがある。市販食パンに急速短時間のマイクロ波加熱と約10倍長い熱伝導加熱とを加え，種々の含水率まで加熱乾燥を繰り返したところ，マイクロ波処理では含水率20〜30％から加熱後硬さが急増し，20％以下に低下すると加熱直後から硬化することがわかった（図Ⅰ-12）（第Ⅱ章12参照）。

　硬化した市販食パンを分析した結果，糊状溶出物が生成してパン組織を補強し，硬化を助長していることがわかった（図Ⅰ-13）。また，パルスNMR法を使ってパンの水和状態を調べたところ，熱伝導加熱では結合水量がほぼ一定しているのに対して，マイクロ波加熱では加熱直後に自由水量が増え，水和状態が大きく変動することがわかった。水分子の活発な動きによってデンプンが再糊化されたと考えられる。さらに，マイクロ波処理では低含水領域の水分蒸発速度が著しく速く，脱水と乾燥が進みやすいことがわかった。

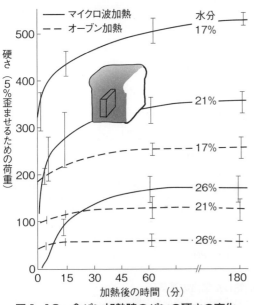

図Ⅰ-12　食パン加熱時のパンの硬さの変化
（肥後温子，島崎通夫，野口駿，中沢文子：パンの硬化に伴う結合水量の変動，家政誌，34，474〜479，1983）

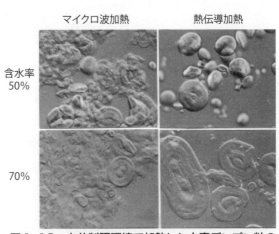

図Ⅰ-13　水分制限環境で加熱した小麦デンプン粒の変化
　水分濃度を調整したモデル系で試したところ，マイクロ波加熱では未膨潤なデンプン粒が突然破壊して，多量の糊状溶出物が出現した。
終温：90〜92℃，熱伝導加熱は沸騰水中で湯せん
（肥後温子，大久保路子，島崎通夫：家政誌，32，185〜191，1981）

マイクロ波加熱によって硬化するメカニズムは，次のように考えられる。

①マイクロ波加熱すると，結合水の多い低含水領域で一時的に自由水が増え，試料が軟化する（軟化状態）。

②自由水の出現によって糊化が促進される。

③含水率が低下すると水分蒸発が加速し，脱水と乾燥が進む。

④糊が乾固するにつれて硬化する（硬化状態）。

（2）マイクロ波加熱による 膨化現象

種々の含水率に調整した乾燥全卵練生地を一定量ずつビーカーに入れ，練生地の膨化状態を調べた。その結果，マイクロ波処理では含水率30〜40%付近をピークに激しく膨化発泡して多孔質となり，高含水率では膨化後収縮してゴム状になることがわかった。乾燥卵練生地を口つきビーカーに入れ，加熱時の水蒸気圧を測定したところ，膨化率が最大となった含水率30〜40%において蒸気圧が最も上昇し，内部から激しい膨圧がかかることが裏付けられた（図 I -14）（第 II 章12参照）。

マイクロ波加熱によって膨化するメカニズムは，次のように考えられる。

①マイクロ波加熱では，低含水率において練生地の昇温速度が速く，水蒸気圧が急上昇する。

②生地内部に大きな蒸気圧がかかり，たんぱく質分子が膨圧の方向に伸長しながら凝固する。

③含水率30〜40%を中心に多孔質の膨化発泡体となる。

熱伝導加熱の場合，低含水域では水分子の動きが制限されるため，物性変化が起きにくい。マイクロ波加熱の場合には，低含水域において水分子の動きが活発になり，熱伝導加熱法と異なる物性変化が引き起こされたと考えられる。

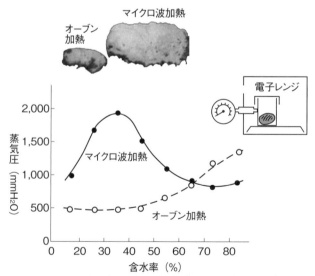

図 I -14 乾燥全卵練生地を加熱した場合の蒸気圧
（肥後温子，野口駿，和田淑子：マイクロ波加熱による乾燥全卵・
卵アルブミンの膨化現象と練生地成分の変化，
食科工誌，44，703〜710，1997）

16. 電子レンジの安全性と安全な使用

(1) 電子レンジの安全性（電磁波の人体への影響）

　テレビ，携帯電話，パソコン，電子レンジ，IHクッキングヒーターなど，現代の生活は人工的な電磁波を用いるものにあふれている。電子レンジには高出力の電磁波が使われているが，外に漏れる「漏洩電波の電力密度」はドア開閉10万回後に5mW/cm²以下と，電気用品取締法で定められている。それ故，人体への影響は空気中を飛びかう他の電波と同じで，テレビや携帯電話が安全であるというのであれば問題ないといえることになる。

　電磁波公害については不透明な部分が多く，長い間はっきりとした科学的な知見がないといわれてきた。しかし，電磁波を浴びると体調が悪化する「電磁波過敏症」が社会的に認知されるようになり，「電磁波が身体に与える影響を認める」という論文が大学や研究機関から報告されるようになった。

　電磁波の発がん性などを世界保健機関（WHO）が評価し，国際非電離放射線防護委員会（ICNIRP）が国際的なガイドラインを作成している。日本はこの国際基準に従っているが，欧米ではWHOやICNIRPの基準より厳しい規制を行っている国が多く，「子どもの携帯電話の使用を控えるように」などの指導や勧告も行われている。

(2) 電子レンジの事故と安全な使用のための提言

　「電子レンジ庫内から火が出た」などの危害件数が増えているとして，国民生活センターが注意を呼びかけている。電子レンジによる発煙・発火の原因は，加熱のし過ぎと庫内の汚れである。東京都生活文化局の調べによると，高温になりやすい食品，少量の食品など「加熱し過ぎに注意を要するものを加熱した経験」がある人や，膜や殻付きの食品など「危険な加熱をした経験」がある人は79%，「庫内が汚れた状態で使用した経験」がある人は63%とされている（図Ⅰ-15，Ⅰ-16）。

　また，電子レンジでは，沸点に達しても気泡を発生せずに過熱状態となり，刺激が加わると液体が飛び出る「突沸」が起きることがある。飲み物やとろみのある食品を加熱して「突沸」を経験した人も，全回答者の1/4を超えたとされている。

　加熱時間を短めにして様子をみながら加熱すること，汚れが炭化すると発火する危険があることを認識して清掃に努めること，使う前に「取扱い説明書」や「注意表示」を確認することが，危害事故

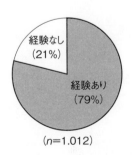

加熱し過ぎに注意を要する
　高温になりやすいもの（あんまんなど）を温める
　油が付いたもの（フライ，バター付きパンなど）を温める
　油脂分の多いもの（生クリームなど）を温める
　水分の少ないもの（パン，さつま芋など）を温める
　少量のもの（100g未満）を温める
危険な使用方法
　飲み物を，自動温め（飲み物専用でない）機能で加熱する
　電子レンジで使用できないプラスチック容器を使う
　膜や殻付きのもの（卵，たらこ，栗など）を加熱する
　金属を含む食器を使用する
　鮮度保持剤（脱酸素剤など）を加熱する

図Ⅰ-15　加熱し過ぎに注意を要するものを温めたり，危険な使用をした経験
（電子レンジの安全な使用に関する調査報告書，2015，東京都生活文化局消費生活部）

(*n*=1.012)

図Ⅰ-16　電子レンジの庫内が汚れた状態で使用した経験
(出典：図Ⅰ-15と同じ)

を減らす上で大切であると呼びかけている。万が一，発煙・発火した場合には，電子レンジを停止さ
せ，電源プラグを抜き，扉を開けずに火が収まるのを待つなどの対処法が，取扱い説明書に記載され
ている。

電子レンジの加熱特性を
知るための実験

　電子レンジで加熱すると，どのような昇温状態になり，食材の量や種類によって加熱効率がどう違うのかといった基礎的な実験テーマから，従来の熱伝導加熱法と加熱のされ方がどう違い，調理に利用するとどのようなメリットやデメリットがあるのかといった応用的な実験テーマまでを取り上げた。実験を通して，電子レンジの加熱むらや加熱効率といった基本的な加熱特性を理解し，オーブンや蒸し加熱などの熱伝導加熱法との違いを習得してほしい，また実験を通して，マイクロ波利用の実践的な知識を身に付け，使い方のこつを会得してほしいと思ったからである。講義，実習，実験を組み合わせることによって，学生の知識力，技術力，応用力が高まり，電子レンジの有効活用に役立つと考える。

　試料や器具は入手しやすいものを用い，短時間で試せる実験を多く記載した。結果の評価も，温度測定，重量測定だけの簡単な評価ですむ実験があり，外観，硬さ，味などの官能評価を併用した実験もある。機器測定が可能であれば，より正確な結果が把握できるので，取捨選択していただきたい。

　実験テーマごとに，目的，方法（試料，器具，方法），結果の記録表，解説の順に記述し，実験しなくても結果のあらましを把握できるように，結果の一例や参考資料を付けて解説した。レポートを書く場合には，グラフや写真を併用して結果を客観的に表記し，参考文献を読んで結果を考察することが望ましい。

　本書では，主として出力600Ｗの電子レンジを使用している。出力500Ｗを使う場合には，加熱時間を1.2倍にする必要がある。また，機種によって加熱状態に違いがあるので，様子を見ながら加熱時間を調整していただきたい。

　レンジ庫内の試料を置く位置によって加熱状態に差が出る場合が多いので，1個ずつ定位置に置いて（中央に置くのが基本）加熱するよう記述した。ターンテーブル式の場合に，複数個を同心円状（ドーナツ状）に並べて同時に加熱することもできるが，予備試験をして同一の加熱状態になるか確かめて実行していただきたい。

1. 加熱むらの確認①：庫内の加熱むらの計測（マルチカップテスト）

目的　電子レンジ庫内各所に水を置いて水温上昇速度を比べ，効率よく加熱される場所を見つける。ターンテーブルの端と中央に水を置いて比べるだけでなく，シャーレなどを敷いて水を置く位置を上方向に移動しても，水温に差が出ることを知る。

方法

試料：水 100 g × 2

器具：電子レンジ（出力600 W），200 mL ビーカー 2個，熱電対温度計，シャーレ 2個

方法：①水100 gをビーカーに入れて水温を測定し，ターンテーブルの端と中央に置いて1分加熱する（図Ⅱ-1. a）。撹拌して平均温度を測定し，水温上昇温度を比較する。②ビーカーの下にシャーレを置いた場合についても測定する（図Ⅱ-1. b）。③レンジ庫内の加熱むらについて考える。

結果　庫内の加熱むら

ターンテーブル位置		水100 g，1分加熱	
		加熱後の水温	上昇温度
a	中央	℃	℃
	端	℃	℃
b	中央	℃	℃
	端	℃	℃

加熱後の水温（　　℃），bのシャーレの高さ（　　cm）

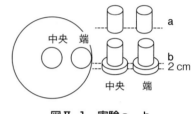

図Ⅱ-1　実験a・b

解説　国際テスト（IECテスト）では，5か所の水温を測定するよう指示されている（図Ⅱ-2）。1997（平成9）年に国産の電子レンジで試験したところ，中央部が効率よく加熱される機種と，端部が効率よく加熱される機種があることがわかった。

実習室にある3機種（A・B・C各8〜10台）のオーブンレンジの測定値を比べてみると，1台ごとに水温上昇温度に差があり，A機種は中央部，C機種は端部が効率よく加熱される。ビーカーの下にシャーレを敷いて2cm上にもち上げるとターンテーブルに直に置いたときより，A・C機種は中央と端の温度差が小さくなり，B機種は温度差が大きくなった（図Ⅱ-3）。

〈一口メモ〉　牛乳などを温めたときに，上部と下部の温度差が気になるなら，下に皿などを敷いて温めるとよい。

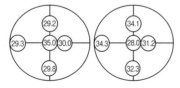

図Ⅱ-2　マルチカップテスト（IECテスト）

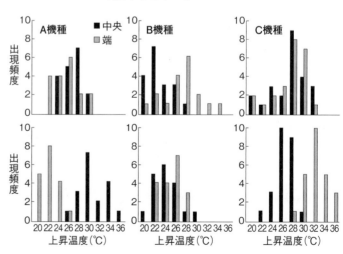

図Ⅱ-3　レンジ庫内の水温上昇速度（上段：実験b，下段：実験a）

2. 加熱むらの確認②：容器の形状と食塩添加の影響

目的　容器の形状，食塩の有無によって，昇温部位，昇温速度が異なることを確かめる。

方法

試料：卵白液（市販製，市販時には冷凍）200 g，1％の食塩を含む卵白液 200 g

器具：電子レンジ（出力600 W），200〜300 mL容の形状の異なる透明な容器（角型，丸型，円柱型など。耐熱ガラス製または耐熱温度80℃以上のプラスチック製），ガーゼまたは目の細かい網（凝固部と未凝固部の分離用），秤

方法：①形状の異なる容器に，それぞれ一定量の卵白液，食塩を含む卵白液を入れる。②卵白液を入れた容器を1個ずつ電子レンジの庫内に置き，1分間加熱して白濁部を図示する。③庫内に②をもどして10〜20秒ずつ加熱を追加し，白濁部と凝固部を図示する。④食塩を含む試料についても，②③と同様に測定する。⑤それぞれ凝固部を取り除き，未凝固部の液量の違いを観察し，分離して計量する。⑥容器の形状，食塩の有無による凝固状態の違いについて考える。

結果　**容器の形状と食塩添加の影響：卵白液の凝固状態**

卵白液	容器	加熱時間			未凝固部の液量
		1分	1分10〜20秒		
食塩添加無し	角型				
	丸型				
食塩添加有り	角型				
	丸型				

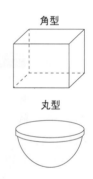

角型

丸型

解説　電子レンジ加熱では，庫内を飛びかうマイクロ波が四方八方から食品に吸収され，電波が入りやすい部分や集まりやすい部分から昇温が始まる。電波が最も入りやすいのは食品の端部や周辺部であるが，入射した電波は減衰しながらも内部で重なり合うので，内部のほうが強く加熱されることもある。容器が丸みをおびている場合には，凸レンズが光を集めるように電波が中心部に集まるので，中心部からも昇温することになる。

食塩が添加されると電波の浸透距離が1 cm以下に低下するので，未凝固部が増えると考えられる。

図Ⅱ-4　角型と丸型容器に入れたカレーの昇温モード
角型・丸型容器とも，周囲は90℃以上となった。角型容器の内部温度は40〜50℃であった。丸型容器では中心部からも昇温し，内部温度は50〜90℃となった。

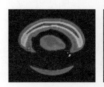

図Ⅱ-5　丸型容器に入れた卵液の凝固状態
1％の食塩を添加した卵液では，丸型容器に入れると中心部が加熱されやすかった。

3. 加熱効率の比較①：食材の量による違い

目的 食材の量が増すほど電子レンジの加熱時間が長くなることを調べる。

方法

(1) 水の加熱量と昇温速度

試料：水 100g，200g，300g

器具：電子レンジ（出力600W），300mLビーカー3個，熱電対温度計

方法：①ビーカー3個に，それぞれの量の水を入れる。②100gの水を入れたビーカーを電子レンジの庫内に置き，30秒加熱してかき混ぜ，すぐに温度測定する。同じ位置にもどして加熱を追加し，平均温度を測定する。③水分量の異なる場合についても，同様に測定する。④加熱時間と上昇温度の結果をグラフにし，水分量と加熱時間の関係について考える（図Ⅱ-6参照）。

(2) じゃが芋の加熱量と軟化速度

試料：じゃが芋（男爵，約150g）6個

器具：電子レンジ（出力600W），ポリ袋3枚，タオル

方法：①じゃが芋1個，2個，3個をそれぞれポリ袋（ポリエチレン製，耐熱温度70～110℃）に入れる。袋の口はねじって食材の下にはさむだけで結ばない。②それぞれ，3～4分，5～6分，8～9分を目安に加熱した後，タオルに包んで外側から押して軟らかくなったことを確認し，軟化した加熱時間をメモする。③食材の量と加熱時間の関係について，さらに熱伝導加熱法との加熱効率の違いについても考える。

結果 食材の加熱量と加熱効率

水の量	水の上昇温度			じゃが芋が軟化した時間	
	加熱時間			個数	加熱時間
	30秒	1分	2分		
100g	℃	℃	℃	1個	分
200g	℃	℃	℃	2個	分
300g	℃	℃	℃	3個	分

加熱前の水温（　　℃）

解説 加熱する食材の量が増えると，マイクロ波が食材に分散して吸収されるので，加熱効率が低下する。従来の熱伝導加熱法（ゆでる，蒸す，オーブン加熱する）では，じゃが芋を丸ごと加熱するのに約30分かかるが，加熱量が増えても加熱時間はあまり変わらないので，大量に加熱する場合には熱伝導加熱法のほうが加熱効率がよいことになる。

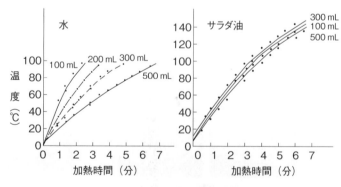

図Ⅱ-6　水と油の温度上昇

100～500mL加熱した場合、水の昇温速度は量が増えるほど加熱速度は遅くなるが、油は量が増えても昇温速度の差が少ない。

（宮川久邇子，梅本昭代：大阪市立大学家政学部紀要，17，23，1969）

4．加熱効率の比較② : 食材の種類による違い

目的　食材によって加熱されやすさが異なる選択加熱特性を，水，油，食塩水，砂糖水の昇温速度を比較して調べる。

方法

試料：水 100g，サラダ油 100g，1%食塩水 100g，10%砂糖水 100g

器具：電子レンジ（出力600W），100mLビーカー 4個，熱電対温度計

方法：①ビーカー4個に，水，油，食塩水，砂糖水を等量入れる。②水を入れたビーカーを電子レンジの庫内に置き，30秒加熱してかき混ぜ，すぐに温度測定する。同じ位置にもどして加熱を追加し，平均温度を測定する。③他の試料についても，同様に測定する。④食材によって加熱されやすさが異なる選択加熱特性について考える。

結果　**食材の加熱効率**

試料	30秒加熱		1分加熱
	加熱後の水温	上昇温度	上昇温度
水 100g	℃	℃	℃
サラダ油 100g	℃	℃	℃
1%食塩水 100g	℃	℃	℃
10%砂糖水 100g	℃	℃	℃

加熱前の水温（　　℃）

解説　食材によって誘電損失係数（発熱量と比例）と電力半減深度（電波の浸透距離）が異なるので，マイクロ波加熱するとさまざまの昇温状態になる（図Ⅱ-7）。誘電損失係数が大きい食材ほど加熱されやすい。しかし，損失係数が大きすぎると表面は強く発熱するが，電波の減衰が大きく，内部の昇温が遅れる。電子レンジの発売当初は，単純な物質を使って昇温状態を比べる試みがさかんに行われた（図Ⅱ-8）。

100g程度では，水，砂糖水の昇温速度が速い。食塩水は，損失係数が大きく浸透距離が短いので，100gでは昇温が遅いが，30g程度に減らすと昇温は速くなる。サラダ油は，浸透距離が大きいので（表Ⅰ-1参照），300g以上では水より昇温速度が速くなる（図Ⅱ-6参照）。

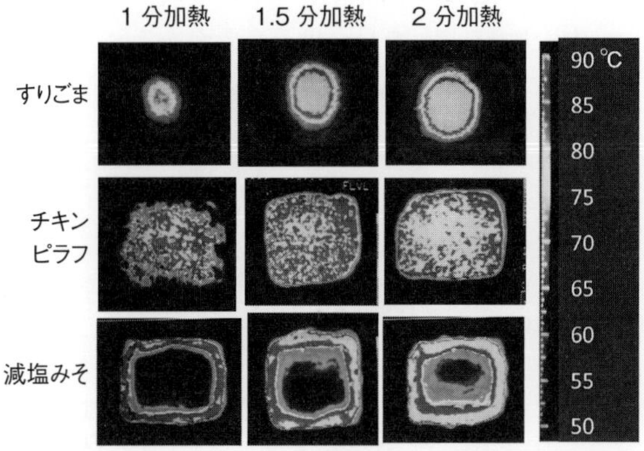

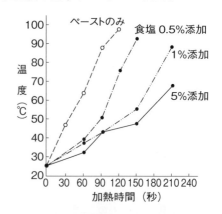

図Ⅱ-7　各種食品のサーモ画像

100gの食品を横幅12cmの容器に詰めて，電子レンジ（出力500W）で加熱。すりごまは中心部のみが150℃に，チキンピラフは全体が75〜90℃に，減塩みそは周辺部のみが120℃に昇温した。

図Ⅱ-8　食塩添加ペーストの温度上昇

ペースト：水50%，小麦粉50%，220g使用。食塩が添加されると，昇温速度は遅くなる。

（渡辺渉ら：食品工業技術，11，23，1962）

5．加熱効率の比較③：包材の影響

目的　包材でおおうと，水の昇温速度が異なることを確かめる。

方法

試料：水　100g×3

器具：電子レンジ（出力600W），100mLビーカー3個，熱電対温度計，ラップ，アルミ箔

方法：①ビーカー3個に水を100gずつ入れ，そのうちの1つのビーカーの上部をラップでおおい，もう1つのビーカーの全面をアルミ箔でおおう。②おおいをしないビーカーを電子レンジの庫内に置き，1分間加熱してかき混ぜ，すぐに温度測定する。③他の試料についても，同様に測定する。④包材でおおうと，昇温速度が異なる理由を考える。

結果　包材の影響

試料	1分加熱	
	加熱後の水温	上昇温度
水　100g	℃	℃
水　100g，ラップ	℃	℃
水　100g，アルミ箔	℃	℃

加熱前の水温（　　℃）

解説　ラップ包装には，保湿効果，保温効果，加熱むら補正効果がある。マイクロ波加熱では水分が蒸発しやすいので，ラップで食材をおおって保湿して加熱することが多い。

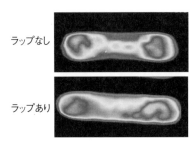

図Ⅱ-9　電子レンジによるソーセージの加熱
出力600Wで30秒加熱。

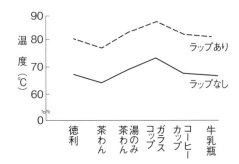

図Ⅱ-10　ラップ包装による温度上昇
すべて水150g，加熱時間1分30秒

ソーセージの加熱では，両端にマイクロ波が集中してホットスポットができる。しかし，ラップ包装すると保温され，加熱むらもやや減少する（図Ⅱ-9，Ⅱ-10）。

マイクロ波は金属に当たると反射するので，食材をアルミ箔でおおうと電波がさえぎられて食材は加熱されなくなる。アルミ箔上のサラダは加熱されにくくなっている（図Ⅱ-11）。

レンジ加熱では，食材や包材の加熱特性を知って，適切な加熱条件（食材の大きさ，包材の有無，加熱時間）を見つける必要がある。

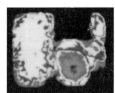

アルミ箔上のサラダ（30℃）
米飯 85～95℃　　スライス漬物 95℃
ゆで卵　周囲80℃　中央60℃
ハンバーグ　周囲90℃　中央50℃

図Ⅱ-11　ハンバーグ弁当加熱時のサーモ画像
450g，5分加熱

6. 加熱時間と加熱される部位の確認（オーブン，鍋加熱との比較）

目的　マイクロ波加熱（電子レンジ）と熱伝導加熱（オーブン，鍋）による，食材の火の通り方，加熱むら，加熱速度を比べ，加熱部位と加熱速度に差が出た理由を考える。加熱法別のメリットと使い分けについても考える。

方法

試料：じゃが芋（男爵，約150 g）9個，水 1.5 L

器具：電子レンジ（出力600 W），オーブン，鍋，ポリ袋，ストップウォッチ，100 mLビーカー 2個

方法：①じゃが芋を皮付きのまま3個ずつ，A：電子レンジ（ポリ袋に入れて加熱。袋の口はねじるだけで結ばない），B：オーブン（180℃で加熱），C：鍋（水 1.5Lを加え，水温から100℃で加熱）の3方法で加熱する。②Aは3分ごとに，BとCは10分ごとに1個ずつ取り出し，半分に切って中の加熱部位を観察し図示する（Aは取り出すごとに，じゃが芋，1個150 gの水分重量に相当する（ダミー）水100 gを入れる）。③火が通る過程の違い，加熱速度の違い，省エネ性について考える。

結果　**3種類の方法で加熱したじゃが芋の加熱部位（加熱の進み方）**

加熱機器	A 電子レンジ（出力600 W）	B オーブン（180℃）	C 鍋（100℃）
加熱時間	3分 ◯	10分 ◯	10分 ◯
	6分 ◯	20分 ◯	20分 ◯
	9分 ◯	30分 ◯	30分 ◯

加熱された部位に斜線を入れる。

解説　学生が提出した3種類の加熱法によるじゃが芋の加熱部位（斜線部）2例を示す（図Ⅱ-12）。オーブンとゆで加熱は周囲から熱伝導で加熱されて，火が通るのに30分も要すること，電子レンジは時短効果があるが加熱むらがあることが，よく理解できたようである。加熱調理を考える上で有意義な実験である。

乾式のオーブン（強制対流式）より湿式のゆで加熱のほうが沸騰時の熱伝達係数が大きいため，やや火が通りやすい結果になったと推察する。

「省エネ効果の高い電子レンジを，加熱の特性を知った上で活用したい」との学生の声が多かったことも付け加えておく。

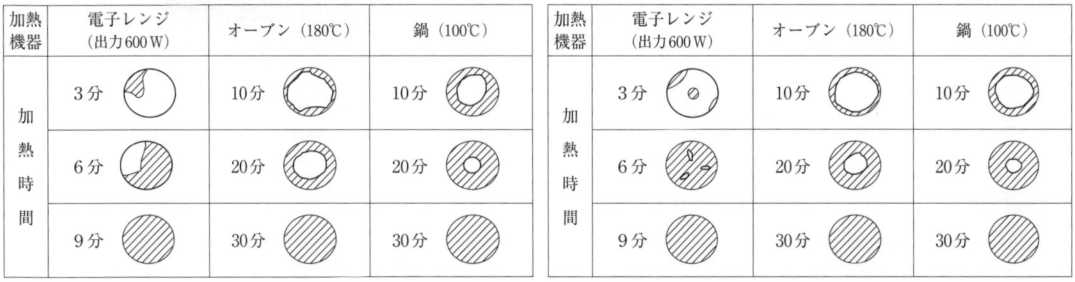

図Ⅱ-12　3種類の加熱法で加熱したじゃが芋の加熱部位（斜線部），加熱時間の比較

7. エネルギー消費量の測定（オーブン，蒸し加熱との比較）

目的　加熱法の違いによるエネルギー消費量を比べる。消費量測定には食材を使う実調理テストや湯沸しテストが用いられるが，前者は手間と時間がかかり，後者は乾式調理に適用しにくい欠点がある。そこで，乾湿両加熱法のエネルギー消費量を比較できるバッターテスト法を提案する。バッター生地は，凝固すると流動性を失うため，凝固部と未凝固部を分離すれば，重量測定によって加熱の進行状態が把握できる。

方法

試料：薄力粉 300 g，乾燥全卵 30 g，砂糖 30 g，食塩 6 g，水 600 g をバッター生地とする（電子レンジの加熱むら試験用のIECテスト生地を改変し，擬似食品に近づけたもの）。

器具：電子レンジ（出力600 W），電気・ガスオーブン，蒸し器，ガスこんろ，オーブンにも使える耐熱トレー容器（C-PETなど），電力計，ガスメータ（図Ⅱ-13），断熱マット，目の細かい網（凝固部と未凝固部の分離用），秤

方法：①バッター生地を作成し（薄力粉と乾燥全卵をふるいにかけた後，砂糖・塩・水を少しずつだまができないように混ぜる），トレーに200 gずつ詰める。②電子レンジ，オーブン，蒸し器で各々加熱する（加熱時に，電力消費量（W）やガス流量（L）を読み取る）。③一定時間加熱後，各試料を断熱マット上に取り出し，15秒以内に重量の測定を行う（M' g，加熱前 M g）。④各試料を網上に逆さに伏せ，未凝固部が分別できたのを確認して凝固部の重量を測る（S g）。⑤水分蒸発による重量損失を補正した凝固量の経時変化をグラフ化する（凝固量の補正値（g）= SM/M'）。⑥完全凝固までの加熱時間（秒）をグラフから読み取る。⑦エネルギー消費量を次のように計算する。

電気加熱器（電子レンジ，電気オーブン）による完全凝固時のエネルギー消費量（cal）= 0.60（cal/秒）×平均電力（W）×完全凝固時間（秒）〔ここで，0.60（cal/秒）は，1kWhを発電するための一次エネルギー量2,150 kcal/kWhを秒当たりに換算した値〕。

ガス加熱器（蒸し器，ガスオーブン）による完全凝固時のエネルギー消費量（cal）= 11,000（cal/L）×平均ガス流量（L/秒）×完全凝固時間（秒）〔ここで，11,000（cal/L）は，都市ガス13Aの1L当たりの消費エネルギー量〕。

図Ⅱ-13　電力計（左）**とガスメータ**（右）

結果　エネルギー消費量の測定と計算

	電子レンジ					電気オーブン					蒸し器				
	加熱時間	加熱後の重量	凝固部の重量	凝固量の補正値	平均電力量	加熱時間	加熱後の重量	凝固部の重量	凝固量の補正値	平均電力量	加熱時間	加熱後の重量	凝固部の重量	凝固量の補正値	平均ガス流量
	（秒）	（M'g）	（Sg）	（g）	（W）	（秒）	（M'g）	（Sg）	（g）	（W）	（秒）	（M'g）	（Sg）	（g）	（L/秒）
バッターの重量	30 60 90 120 150 180					100 300 500 700 900 1,100 1,300					60 120 180 240 300 360 420				
完全凝固までの加熱時間（秒）															
エネルギー消費量（kcal）															

加熱前のバッターの重量（Mg）：200 g

方法（追加）：生地をジッパー袋に詰めて水中で
加熱すればゆで加熱の，アルミ容器に詰めて
加熱すれば焼き加熱のエネルギー消費量が測
定できる。生地の材料は乾物で保存性があり，
余った生地は冷凍保存できる。1calは4.186J
（ジュール）。

解説 バッターテスト法では，加熱の進行状
態が目で見てわかり，加熱むらも把握できる（図
Ⅱ-14）。バッター生地の凝固時間（図Ⅱ-15）か
らエネルギー消費量（平均値，kcal）を計算する
と，電子レンジ86，蒸し器280，ガスオーブン
420となった（電子レンジ1に対し，蒸し器3.2，ガ
スオーブン4.9）（図Ⅱ-16）。

なお，電子レンジでは強（500～1000W）と
弱（100～300W）で差はなかったが，ガスこん

ろでゆで加熱をした場合の強火，中弱火の消費
エネルギー量（平均値，kcal）には，それぞれ440，
295と差がみられた（電子レンジ1に対し，強火
5.1，中弱火3.4）（図Ⅱ-17）。

また，アルミ容器を用いて測定したトースター
のエネルギー消費量（平均値，kcal）は135と
なり，オーブンに比べてかなり少ないことがわ
かった（電子レンジ1に対し1.6）。

電力計やガスメータを使用すると（図Ⅱ-13），
電気やガスの使用量が実体験でき，計算値を求
めることでエネルギー消費の実態を理解でき
る。「電子レンジ加熱のエネルギー消費量が少な
いことがよくわかった」という学生の感想が多
くみられた。

エネルギー消費量を求める実験の導入には，
時間的な余裕が必要であるが，省エネ調理法に
ついて考えるよい機会になるであろう。

電子レンジ　　　蒸し器　　　ガスオーブン
1.0～2.5分　　　2～5分　　　6～15分

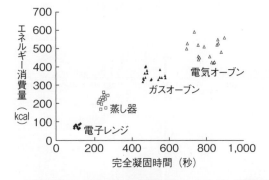

図Ⅱ-14　バッター生地の凝固状態

バッター生地 300g使用，容積 6.6×12.8×2.4cm

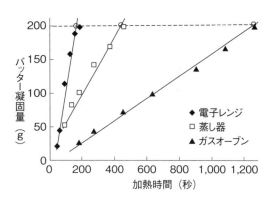

図Ⅱ-15　バッター生地の凝固時間

バッター生地 200g，トレー中のバッター容積 6.6
×12.8×1.7cm

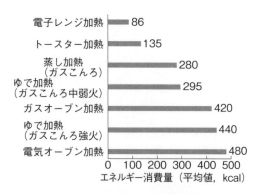

図Ⅱ-16　バッター凝固時間とエネルギー消費量

バッター生地 200g，容積 6.6×12.8×1.2cm，学生実験
（肥後温子，阿部廣子，和田淑子：調理科学，40，275，
2007）

図Ⅱ-17　エネルギー消費量の比較

学生実験，未発表

■ 8．塩分・水分添加の影響の検証：焼き豚，蒸し豚，ゆで豚作り

目的　電子レンジの調理では，塩分（たれ）や水分を加えて加熱状態を変え，焼き物もゆで物も作られていることを，焼き豚，蒸し豚，ゆで豚を作って体験する。

方法

試料：豚もも肉かたまり（ロース肉，バラ肉でもよい）200 g × 3

（1）焼き豚用（つけ汁：しょうゆ 大さじ2，みりん・砂糖・赤みそ 各大さじ1）

（2）蒸し豚用（酒 大さじ1，玉ねぎスライス 30 g）

（3）ゆで豚用（酒 大さじ1，玉ねぎスライス 30 g，熱湯 1/2 カップ，試食用の辛子じょうゆ・マスタードソース）

器具：電子レンジ（出力600 W），深めの洋皿　4枚，ラップ

方法：肉3本にフォークをさして穴をあけておく。

（1）焼き豚：①肉1本を，焼き豚用つけ汁に15分以上漬けこむ。②肉を取り出し，つけ汁を1〜2分加熱して煮詰める。③肉を②にもどしてつけ汁をからめ，ラップなしで4〜5分加熱する（途中で裏返す）。

（2）蒸し豚：①もう1本の肉に酒をまぶして玉ねぎスライスをのせ，ラップをして3〜4分加熱する（途中で裏返す）。②加熱後，冷めるまでそのまま放置する。

（3）ゆで豚：①残り1本の肉に酒をまぶして玉ねぎスライスをのせ，熱湯を加え，ラップをして4〜5分加熱する（途中で裏返す）。②加熱後，冷めるまでそのまま放置する。

解説　電子レンジ加熱では食塩（たれ）が添加されると，表面温度が上昇しやすくなり，内部の昇温が遅くなる（図Ⅱ-18，Ⅱ-19）。肉の表面にたれをぬって加熱すれば，焼き豚風や焼き鶏風のメニューを作ることができる。牛肉の表面に塩をぬって加熱すれば，マイクロ波の浸透距離が1cm以下に減るので，内部が生っぽくなり，牛肉のたたきを作ることができる。

肉の中で，鶏肉は最も電子レンジに向く食材といえる。酒を加えるだけで，蒸し鶏は軟らかくジューシーに仕上がり，骨付き肉は骨のまわりがよく加熱されて骨離れがよい仕上がりになる。一方，蒸し豚やゆで豚をしっとり軟らかく仕上げるためには，水を補ったり，薬味野菜を加えたり，加熱後蒸したりする必要がある。

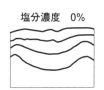

塩分濃度　0%　　　塩分濃度　1%

温度分布　　　温度分布

	誘電損失係数[*1]	電力半減深度[*2]
水	3〜10	1〜4cm
0.6%食塩水	15〜25	0.5〜1cm
1.2%食塩水	25〜45	0.3〜0.5cm

図Ⅱ-18　塩分濃度の影響

塩分を含む食品は，電波の浸透距離が短くなり，端部加熱になりやすい。
[*1]電波の吸収されやすさ，[*2]電波の侵入距離

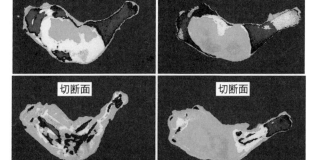

A．食塩添加なし　　　B．表面に2%食塩

切断面　　　切断面

図Ⅱ-19　鶏骨付もも肉の昇温モード

Aの切断面は骨のまわりがよく加熱されているが，B（食塩添加）の内部温度は60℃以下で生の部分が残る。

9. さつま芋の糖度と官能評価（オーブン，蒸し加熱との比較）

目的　さつま芋を加熱すると甘くなるのは，β-アミラーゼ（最適温度55〜65℃）が働いて麦芽糖が増加するからである。加熱法によって酵素の作用時間が異なるため，甘味度が異なることを確かめる。

方法

試料：さつま芋 300g強×2，水 30mL×5

器具：電子レンジ（出力600Wおよび100〜200W），オーブン，蒸し器，ラップ，アルミ箔，メスピペット，メスシリンダー，ロート，ろ紙，乳鉢，乳棒，糖度計

加熱方法：①さつま芋は皮付きのまま両端を切り落とし，縦に2等分して4本にする。端は生芋の糖度測定用とする。②4本を4種類の方法で，竹ぐしが通るまで加熱する（2本をそれぞれラップで包み，出力600Wの電子レンジで約4分，出力100〜200Wの電子レンジで15〜25分加熱（途中で裏返す）。1本は，アルミ箔に包み，200℃オーブンで30〜40分加熱。もう1本は，蒸し器に入れ，中火で20〜30分加熱）。③加熱後の重量を測り，重量減少率を算出する。

糖度の算出と官能評価：①生および4種類の加熱芋から10.0gを精秤し，乳鉢ですりつぶす。②30mLの水を加えて（希釈倍率4）ろ紙でこし，ろ液の糖度を糖度計で測定し，「糖度＝糖度計の読み×希釈倍率×100／（100−重量減少%）」で計算する。③甘味，香り，食感（口ざわり，硬さ）などを官能評価する。

結果　さつま芋の糖度と官能評価

さつま芋	重量		糖度		官能評価			
	重量（g）	重量減少率（%）	糖度計測定値	計算値	甘み	香り	口ざわり	硬さ
生								
電子レンジ加熱（出力600W）								
電子レンジ加熱（出力100〜200W）								
オーブン加熱								
蒸し加熱								

解説　電子レンジでは昇温速度が速いために酵素が失活しやすく，麦芽糖の生成が少ない（図Ⅱ-20）。生 3〜4%，蒸し 11〜16%，電子レンジ 7〜10%の報告（平山静子，松元文子：調理科学，1973）や，生 10〜70mg/g，オーブン約250mg/g，電子レンジ 100〜120mg/gの報告（桐淵壽子，久保田紀久枝：家政誌，27，1976）がある。糖量をより正確に測定するためには，ソモジ−ネルソン法を用いる。

糖化酵素の作用時間が長い石焼き芋が，一般においしいとされる。電子レンジの場合でも，弱加熱でゆっくり加熱すれば糖化酵素が働いて甘みが増す。水分蒸発による濃縮や酵素による

デンプンの分解によって，甘味や食感が異なることにも注目してほしい。

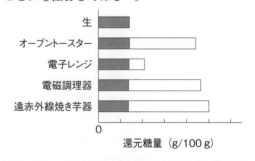

図Ⅱ-20　さつま芋の加熱法の違いによる還元糖量

加熱によって還元糖量は増加するが，酵素による糖化作用時間が短い電子レンジは増加量が少ない。
（フローチャートによる調理科学実験・実習 第2版，医歯薬出版，1999）

10. 揚げ物の吸油率と官能評価：下ごしらえの有無による違い

目的 揚げ種を電子レンジで加熱（下ごしらえ）しておくと，高温・短時間で素揚げも天ぷらもできる。さらに，吸油率が低下し，内部が軟らかく，天ぷらでは衣が開いてカリッとし，おいしい揚げ物ができることを体験する。

方法

試料：さつま芋（またはかぼちゃ）100g強×2，天ぷら粉 100g，冷水，揚げ油 500g

器具：電子レンジ（出力600W），洋皿，ラップ，天ぷら鍋（または厚手片手鍋），200℃温度計，ストップウォッチ，秤，揚げ網

方法：①さつま芋（細めのもの）1本を0.5〜0.7cm厚さの輪切りにし，もう1本を1.0〜1.5cm厚さの輪切りにして，水にさらす。②厚く切った芋を水が付いたまま皿に並べ，ラップしてレンジで2分加熱する。③天ぷら粉を冷水（天ぷら粉の記載量）で溶き，だまが残るくらいにサッと混ぜる。④薄く切った生芋100gに衣を付け，160℃で約3分揚げ，揚げ油の重量を測る。⑤レンジ加熱した芋100gに衣を付け，180℃で約1分揚げ，揚げ油の重量を測る。⑥吸油率を，「吸油率（%）＝（揚げる前の油の重量－揚げた後の油の重量／揚げる前の芋の重量）×100」で計算する。⑦外観，食感，油っこさ，好みを官能評価する。

結果 揚げ物の吸油率と官能評価

	揚げる前の油量（g）	揚げた後の油量（g）	吸油率（%）	官能評価			
				外観	食感	油っこさ	好み
生から揚げる							
下ごしらえして揚げる							

解説 揚げ種がデンプン性食品である場合には，糊化するために薄く切り，低温で時間をかけて揚げる必要がある。しかし，レンジ加熱して糊化しておけば，高温・短時間で揚げることができる。揚げ時間が短くなるだけでなく，揚げ種を厚く切ることができ，油切れもよいので，吸油率は1/2以下に減少する（図Ⅱ-21）。

官能評価には，「厚く切ったかぼちゃの軟らかさに感激した」「衣がパリッとして香ばしく，最高においしかった」などの感想が書かれていた。「電子レンジで下ごしらえしておくと，揚げ時間が短くなるだけでなく，ヘルシーで，省エネでいいことずくめです」という評価もあった。

レンジ加熱のメリットが多い用途に，活用してもらうことを期待する。

生から揚げる →160℃，3分　ベッタリした衣

下ごしらえする →180℃，1分　華が開いた衣　吸油率も下がる

 電子レンジで下ごしらえ（さつま芋は厚く切る）

図Ⅱ-21　揚げ物の吸油率

11. 発酵促進効果の検証：異なる発酵方法によるピザ生地作り

目的　パンやピザは，発酵時間が障害となって調理教材として取り入れにくい。そこで，電子レンジで発酵を促進する効果をピザ生地（ドウ）で調べ，教材としての適性を検討する。

方法

試料：強力粉 100g，ドライイースト 2gまたは4g，牛乳 75mL，無塩バター 8g，砂糖 9g，食塩 1g，打ち粉用の強力粉

器具：電子レンジ（出力500W），ボウル，ゴムべら，クッキングシート（シリコーン樹脂加工耐油紙），ふきん，まな板，オーブン

方法：①ボウルに牛乳とバターを入れ，電子レンジで30秒加熱して37℃とする。②撹拌してバターを溶かし，砂糖，塩，1/3量の強力粉，ドライイーストを加えて混ぜる。③残りの強力粉を加え，ゴムべらで混ぜて一塊にし，打ち粉をしたまな板の上に取り出す。④半分にたたんでこねる工程を10回繰り返し，丸くひとつにまとめる。⑤以下の方法で発酵させる。⑥ガス抜きをし，直径22cmの円形に延ばす。⑦200℃のオーブンで8分間焼く。

発酵法A　電子レンジ10秒加熱＋室温（25℃），15分間発酵：上下にクッキングシートをかけ，電子レンジで10秒加熱し，水でぬらして絞ったふきんをかけ，室温に放置する。

発酵法B　電子レンジ10秒加熱＋湯せん（40℃），15分間発酵：上下にクッキングシートをかけ，電子レンジで10秒加熱し，水でぬらして絞ったふきんをかけ，湯せんで保存する。

発酵法C　湯せん（40℃），15分間発酵：上下にクッキングシートをかけ，水でぬらして絞ったふきんをかけ，湯せんで保存する。

結果　**発酵方法を変えたピザ生地の評価**

発酵法	膨張率*	官能評価				
		外観	においの強さ	味	硬さ	総合的なおいしさ
A						
B						
C						

*発酵時間0分と比較した体積比率

解説　北村の報告によれば，電子レンジの加熱を15秒行ったところ，10秒加熱より膨張率が低下した（図Ⅱ-22）。加熱のし過ぎにより，イーストの発酵が悪くなったと考えられる。また，ドライイーストを4g用いたものは，イースト臭が強く，好まれなかった。ドウの膨張率が大きく，官能検査で好まれたのは，発酵法Bの生地であった。

　電子レンジで発酵を促進すれば，実習の時間内に収まり，教材として適していることがわかった。

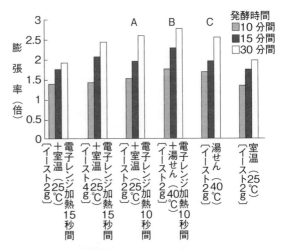

図Ⅱ-22　発酵方法の違いによるドウの膨張率の比較
（北村由賀：家庭科教育，77，66～73，2003）

12. 物性変化（軟化・硬化現象と膨化現象）の検証（トースター，オーブン加熱との比較）

目的 電子レンジで加熱すると，デンプン性の食品が軟化・硬化したり，たんぱく質性の練生地が膨化したりする。伝熱加熱法ではみられない変化を，食パン，乾燥全卵練生地で体験する。

方法

(1) 食パンの軟化・硬化現象

試料：市販の乳化剤無添加食パン（6枚切りなどの厚切り）4枚以上

器具：電子レンジ（出力600 W），トースター（弱火加熱），（テクスチャー測定器）

方法：①食パンの耳を除き，1枚を6等分する。②電子レンジの庫内に①の食パン1枚分を同心円状に並べ，60秒，80秒間（水分がなくなる直前まで）加熱する。③加熱直後の硬さと，10分間，30分間放置したときの硬さの変化を，指で押して観察する（テクスチャー測定するとさらによい）。④トースターの庫内に①の食パン1枚分を並べ，6分，9分加熱する。⑤加熱後の硬さの変化を観察し，電子レンジ加熱したパンとの硬さや食感の違い，焦げ色の違いを評価する。

(2) 全卵練生地の膨化現象

試料：乾燥全卵(キユーピータマゴ製) 100～200 g

器具：電子レンジ（出力600 W），オーブン（150℃），200 mLビーカー4個，秤，定規

方法：①乾燥全卵に水を加え，泡立てないように撹拌して含水率40%，60%の練生地を作る。②練生地を50 gずつビーカーの底に広げる。③電子レンジの庫内に置き，練生地1個当たり30～60秒加熱して膨化状態を観察する。④オーブンの庫内に①の練生地を50 gずつ置き，15～30分加熱して膨化状態を観察する。⑤加熱した試料の高さを測定し，膨化による伸長度を比べる。⑥加熱した試料の重量を測定し，脱水量を比べる。

結果 **食パンの硬さ，食感，焦げ色の変化**

加熱方法	加熱時間	硬さと食感			焦げ色
		加熱直後	放置10分後	放置30分後	
電子レンジ	60秒				
	80秒				
トースター	6分				
	9分				

全卵練生地の膨化状態の観察

加熱方法	含水率	加熱時間	膨化の様子	高さ伸長度（cm）	加熱後の重量（g）	脱水量（g）
電子レンジ	40%	30秒				
		60秒				
	60%	30秒				
		60秒				
オーブン	40%	15分				
		30分				
	60%	15分				
		30分				

加熱前の生地重量：50 g

解説

(1) 必ず，無添加パンを使って実験する。デンプン糊が溶出して硬化原因となるので，乳化剤添加パンでは硬化現象が起きにくい。

　電子レンジ加熱ではまずパンが軟化し，放置すると急速に硬化する（図 I -12参照）。トースターで加熱したパンは，硬さの経時変化が小さく，加熱後の硬さ（最大応力）は電子レンジ加熱したパンの半分程度に留まる（図 II -23）。電子レンジ加熱では表面より内部のほうが硬くなり，トースターでは表面が乾燥して硬くなることにも気付いてほしい。

　軟化・硬化現象は，マイクロ波加熱特有の昇温特性と水の挙動（結合水・自由水の変換と水分蒸発）によって引き起こされると考えられる。

(2) 電子レンジ加熱では，含水率30～40％で激しく膨化発泡して多孔質になる（図 II -24）。オーブン加熱より低い含水率に膨化のピークがみられるのは，低含水率のほうが昇温速度，水分蒸発速度が速く，蒸気圧が急上昇するためである（図 I -14参照）。オーブン加熱では，水分蒸発速度がレンジ加熱の1/10以下と遅いため，蒸気圧が上がりにくく，膨化率は低い。

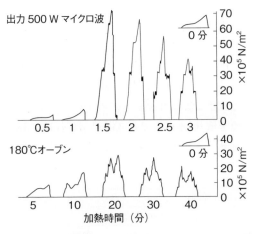

図 II -23　加熱法による食パンのテクスチャー曲線の比較

（肥後温子，寺本あい，五十川友子，引地由佳里：食料工誌，58，382～391，2011）

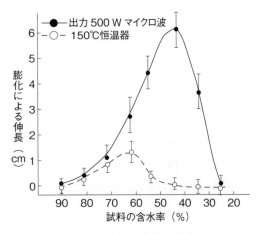

図 II -24　含水率を変えた乾燥全卵練生地の膨化による伸長度の比較

（肥後温子，島崎通夫，野口聡：家政誌，36，596～601，1985）

13. 果物の褐変防止，退色防止作用の検証

目的　りんご，バナナ，ももなどの果物を切って空気中に放置すると褐変し，すりおろすと色の変化がより加速する。褐変防止策のひとつとして加熱処理の効果を確かめる。さらに加熱法によって，ジャムの色や食感が異なることを体験する。

方法

(1) りんごの褐変防止作用

試料：りんご 1個，食塩 0.5g，食酢 5mL，レモン汁 5mL，ビタミンC（アスコルビン酸）0.3g

器具：電子レンジ（出力600W），100mLビーカー 6個，秤，ピペット，おろし金（プラスチックまたはセラミック製）

方法：①りんごの皮をむき，芯を除いて縦に6等分する。②りんご一切れをすりおろす（無添加）。③りんご一切れずつに食塩，食酢，レモン汁，ビタミンCの各添加物を加えながら，すりおろして混ぜる。④残りのりんご一切れをポリ袋に入れ，電子レンジで1分加熱し，袋ごと水で冷やしてすりおろす。⑤それぞれ色の変化を観察する。

(2) いちごジャムの退色防止作用

試料：いちご 150g×4，砂糖 80g×4，レモン汁 30mL×2

器具：電子レンジ（出力600W），ガラス製ボウル 2個，ガスこんろ，鍋 2個，木べら

方法：①いちごは，へたを取って洗う。②ボウルに，砂糖を加えたいちごと，砂糖＋レモン汁を加えたいちごを入れ，それぞれ電子レンジで3分加熱する（ラップなし，途中でかき混ぜる）。あくを取り，さらに2～3分加熱する。③鍋に，砂糖を加えたいちごと，砂糖＋レモン汁を加えたいちごを入れ，それぞれ15～30分放置して果汁をしみ出させる。中火で，あくを取り，木べらでかき混ぜながら10～15分加熱する。④色，味，食感，好みを評価する。

結果　**磨砕したりんごといちごジャムの評価**

りんごの色の変化			いちごジャムの変化					
添加物／加熱	10分後	30分後	加熱方法	添加物	色	味	食感	好み
対照（無添加）			電子レンジ	砂糖				
食塩								
食酢				砂糖＋レモン汁				
レモン汁			鍋	砂糖				
ビタミンC								
加熱処理				砂糖＋レモン汁				

解説　りんごが切断・摩砕されると，ポリフェノール物質がポリフェノールオキシダーゼによって酸化され，褐変物質を形成する。褐変防止には，①水に漬けて空気中の酸素と接触させない，②酸を加えてpHを下げる（酵素の作用しやすいpHから遠ざける），③酵素阻害剤である食塩を加える，④還元剤であるビタミンCを加える，⑤加熱して酵素を失活させる，などの方法がある。⑤は，ガス火で加熱もできるが，レンジのほうが操作が簡単で，風味が残りやすい。レンジ加熱後，ミキサーにかけて冷凍保存もできる。

ジャムは，砂糖の量が30～50％，煮詰め度合いを減らしたフレッシュなものが好まれる。時短加熱のほうが，アントシアン色素が退色せず，色鮮やかになる（表Ⅰ-8参照）。レモンを加えてpHを上げるとより鮮やかな赤色を呈する。

14.　調理への利用①：炒め玉ねぎ作り（フライパン加熱との比較）

目的　玉ねぎを電子レンジとフライパンで加熱して，甘味，うま味，嗜好を比べ，加熱法別のメリット・使い分けについて考える。

方法

試料：玉ねぎ 1個（約250g），油 小さじ1，コンソメスープ 50mL，だししょうゆ 50mL

器具：電子レンジ（出力600W），鉄製フライパン

方法：①玉ねぎは薄くスライスして2等分する。②半量を，電子レンジで約3分を目安に加熱する。残りの半量を，油を加えたフライパンで加熱する（電子レンジと似た色，食感になるまで）。③それぞれの玉ねぎを，コンソメスープ，だししょうゆをかけて試食し，官能評価する。

結果　炒め玉ねぎの官能評価

評価項目	スープ味		しょうゆ味	
	電子レンジ	フライパン	電子レンジ	フライパン
甘味が強い				
うま味・コクがある				
味が好き				
料理に使いたい				
感想・用途				

加熱時間：電子レンジ（　　　）分，フライパン（　　　）分
項目ごとに電子レンジとフライパンを比較して，より当てはまるほうに○をつける。

解説　加熱の目安時間だけ伝えて自由に加熱させたところ，電子レンジ3.0〜6.0分，フライパン3.0〜5.0分となった。フライパンでは焦げ色がつくため，加熱時間が短くなったようである。マイクロ波加熱した玉ねぎは有意に甘く，コクがあり，味が好き，料理に使いたいと評価された（表Ⅱ-1）。マイクロ波加熱品はスープ味との相性がよく，フライパン加熱品は着色して焦げ風味があるためしょうゆ味との相性がよかったという。

なお，この実験後，「電子レンジをもっと下ごしらえに活用したいと思うようになった」との学生の感想が多くみられた。

表Ⅱ-1　電子レンジとフライパンで加熱した炒め玉ねぎの官能評価

評価項目	スープ味		しょうゆ味		電子レンジ	フライパン
	電子レンジ	フライパン	電子レンジ	フライパン	色がきれい	シャキシャキ感がある
甘味が強い	83**	13	79**	15	甘い，味が濃い	生っぽい
うま味・コクがある	68**	26	57*	40	とろける舌ざわり	香ばしい
味が好き	65**	30	57*	39	玉ねぎくさい	玉ねぎのうま味がある
料理に使いたい	66**	30	55	41	辛みを感じる	油が加わりコクがある
					スープと合う	色・味がしょうゆと合う

$n = 94〜96$，加熱時間：電子レンジ3〜6分，フライパン3〜5分
**危険率<1%で有意差あり，*危険率<5%で有意差あり

15. 調理への利用②:カップケーキ作り（オーブン加熱との比較）

目的 電子レンジ，オーブン両用のスポンジケーキ生地（IECテストの配合生地）でカップケーキを作り，比容積，味，食感を比べ，差が出た理由を考える。加熱法別のメリット・使い分けについても考える。

方法

試料：薄力粉 70 g，ベーキングパウダー 4 g，砂糖 60 g，卵 1 個，水 30 mL，バター 20 g

器具：電子レンジ（出力600 W），オーブン（180℃），ハンドミキサー，紙コップ 4 個，菜種（体積測定用）

方法：①薄力粉とベーキングパウダーを合わせてふるう。バターは溶かしておく（電子レンジ

20〜30秒）。②卵を溶いて砂糖を加え，よく攪拌し（泡立てなくてよい），①の粉と溶かしバター，水を加えて混ぜる（水を加えるのは，電子レンジ加熱によるパサつきを減らすため）。③紙コップ 4 個に②を等分し，2 個は電子レンジ（ラップをかぶせる）で1 分〜1 分20秒加熱，残りの2 個は180℃オーブンで約20分加熱する（図Ⅱ-25）（電子レンジが金属製ターンテーブルの場合には，膨化に必要な下からの電波が金属にさえぎられるので，紙コップの下にシャーレか皿を敷く）。④外観や食味，簡便性などを観察し，膨化率（菜種法，図Ⅱ-26）か高さを比較する。

図Ⅱ-25 膨化の状態

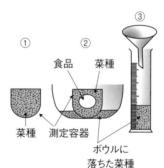

①測定したい食品が入る測定容器に，菜種を入れてすりきる。
②ボウルの中に測定容器を入れ，容器内に食品を埋め込んですりきる。
③ボウルに落ちた菜種をシリンダーに移して体積（mL）を測る。

図Ⅱ-26 体積の測定（菜種法）

結果 カップケーキの外観，味・食感と評価

評価項目		電子レンジ			オーブン		
外観	膨化率（%）*						
	気泡，きめ，色 ほか						
味・食感	味，香り						
	硬さ，舌ざわり						
評価 よいほうに○をつける		簡便性	外観	食味	簡便性	外観	食味

＊体積(mL)/重量(g)×100

解説 マイクロ波加熱のカップケーキのほうがオーブン加熱より大きく膨化した（図Ⅱ-27）。

比容積は4.13〜4.40 mL/gと3.15〜3.38 mL/gであった（図Ⅱ-28）。ケーキ生地の含水率（40%

付近）ではマイクロ波のスピード加熱特性，内部加熱特性が発揮されやすいため，内部からの水蒸気圧によって大きく膨化したと推察される。金属製ターンテーブルの場合，紙コップの下に皿などを置いてすきまをつくれば，膨化に支障はないと思われる。

　ほぼ全員の学生が，電子レンジでは蒸しケーキができ，オーブンでは焦げ目がついた焼きケーキができたと述べており，マイクロ波加熱の時短効果を改めて実感したとの声も多くみられた。学生の95％以上は，簡便性を求めるなら電子レンジ，味や食感を求めるならオーブンとい

う評価であったが，甘すぎなくてふわふわしている電子レンジのほうが好みという学生が数人いた。

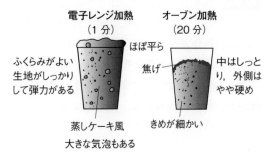

図Ⅱ-27　カップケーキの外観

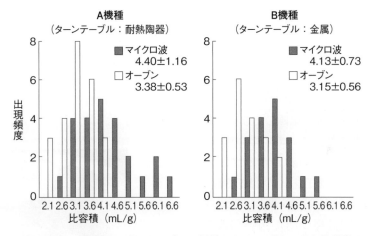

図Ⅱ-28　電子レンジとオーブンで加熱したカップケーキの比容積

16. 調理への利用③：じゃが芋餅，大根餅作り（フライパン加熱との比較）

目的 ヘルシーなおやつ作りへの電子レンジの利用を考えるため，学生実験にじゃが芋餅作り，大根餅作りを導入した。前者では，フライパンのみで作ったものと電子レンジ加熱を併用したものでは，食感，食味，嗜好性が異なる評価が得られた。後者では，加熱法によって官能評価がさらに大きく変化した。

方法

（1）じゃが芋餅

試料：男爵芋を使用した，ゆでじゃが芋ペーストまたは生じゃが芋ペースト 100 g，片栗粉 20 g，サラダ油 小さじ1強

器具：電子レンジ（出力600W），フライパン，秤，フードプロセッサ，ゴムべら，ラップ，ボウル

方法：①フードプロセッサで摩砕したじゃが芋ペーストに片栗粉を加えて，ゴムべらでよく混ぜる。②生地の半量（60 g）をラップに包み，薄く押し広げて，電子レンジで1分30秒加熱する。③フライパンに油を熱し，生地の残り半量を入れて薄く押し広げ，中～弱火で5～6分焼いて焦げ目をつける。④電子レンジ加熱した生地をフライパンに移し，強～中火で3～4分焼いて焦げ目をつける。⑤7段階評価法で官能評価する。

（2）大根餅

試料：大根おろし 100 g，食塩 1 g，砂糖 2 g，小麦粉 30 g，ごま油 小さじ1強

器具：じゃが芋餅と同じ

方法：①フードプロセッサのおろしカッターで大根おろしを作り（汁ごと使う），食塩，砂糖で調味する。②小麦粉を加えてゴムべらでよく混ぜる。③生地の半量（60 g強）をラップに包み，薄く押し広げて，電子レンジで1分30秒加熱する。④フライパンに油を熱し，生地の残り半量を入れて薄く押し広げ，中～弱火で5～6分焼いて焦げ目をつける。⑤電子レンジ加熱した③をフライパンに移し，強～中火で3～4分焼いて焦げ目をつける（図Ⅱ-29）。⑥7段階評価法で官能評価する。

図Ⅱ-29　じゃが芋餅

結果 官能評価（じゃが芋餅，大根餅共通）

	非常に	かなり	やや	どちらともいえない	やや	かなり	非常に	
	-3	-2	-1	0	1	2	3	
硬い								軟らかい
もちもち感がある								もろさがある
口溶けが悪い								口溶けがよい
色調が悪い								色調がよい
味・あと味が悪い								味・あと味がよい
香りが悪い								香りがよい
総合的に悪い								総合的に好ましい

解 説　じゃが芋餅，大根餅とも，電子レンジを併用して加熱すると，粘りが出て，餅のような食感になると評価された。生のじゃが芋をすりおろして電子レンジ加熱をしても，餅のような食感になることが知られているが，デンプンの多い粉類を添加して加熱すると，もちもち感の違いがより明らかになる。加える粉類を米粉や雑穀粉に変えても，電子レンジ加熱すると粘りがでて餅のような食感になった。

マイクロ波併用法ではデンプンの糊化が進んでおり，付着性，凝集性，硬さ（最大応力）が増えていることがわかった。糊化促進効果による粘性の増加と考えられる。

嗜好評価では，じゃが芋餅の場合には，レンジ加熱品はじゃが芋の味がしなくなるとして，フライパン加熱品と好みが分かれる評価となった（表Ⅱ-2）。大根餅の場合には，大根の辛みが消えて食べやすくなるとして，レンジ加熱品のほうが好まれる評価となった（表Ⅱ-3）。

雑穀粉を添加したものでは，雑穀粉のもろくパサつく食感や，クセが強くあと味が悪い食味が，レンジ加熱を併用することによって改善され，好まれる評価になることもわかった。電子レンジ加熱によって食感や食味が向上する用途に，活用してもらうことを期待する。

表Ⅱ-2　じゃが芋餅の官能検査

	フライパン	マイクロ波併用
焦げ色が濃い	109**	70
粘りが強い	18	167**
じゃが芋の味がする	161**	22
好み	96	88

ゆでじゃが芋，片栗粉使用。
**危険率＜1％で有意差あり
（肥後温子，引地由佳里，宮村和憲：調理科学会誌，48，240〜248，2015）

表Ⅱ-3　大根餅の官能検査と学生による自由記述

	フライパン	マイクロ波併用
好み	45	141**
自由記述	・軟らかく，ひっくり返しづらい ・焦がすほうがおいしい ・香りがよい	・生地がまとまり，焼きやすい ・硬いが，もちもちして食べ応えがある ・大根の辛みや粉っぽさがなく，おいしい

薄力粉小麦使用。
**危険率＜1％で有意差あり
（出典：表Ⅱ-2と同じ）

17. 調理への利用④：ホワイトソース作り（鍋加熱との比較）

目的　電子レンジとガスこんろでホワイトソースを作り，官能評価結果と作業能率を比べ，実習への活用を検討する。

方法

試料：小麦粉 9g，バター 12g，牛乳 105g

器具：電子レンジ（出力600W），ガスこんろ，耐熱ボウル，鍋，泡立て器，木べら，ラップ

方法：①小麦粉の上にバターをのせ，ラップなしで電子レンジで30秒加熱し，だまができないように泡立て器で混ぜる。②牛乳を混ぜながら少しずつ①に加え，ラップして1分加熱してよく混ぜ，さらに30秒加熱する。

　③鍋にバターを溶かし，小麦粉を加えて混ぜながら，130℃まで弱火で加熱する。④牛乳を混ぜながら少しずつ①に加え，とろみが付くまで加熱する。

解説　加熱時間は，電子レンジ2分，こんろは5分半であった。こんろで作る場合には，ずっと鍋の側について作業しなければならず，鍋を洗う手間もかかる。レンジ製のホワイトソースは白く，なめらかな舌ざわり，こんろ製は香ばしい，コクがある，味に深みがあると評価されたが，味と総合評価に有意差はなかった（表Ⅱ-4）。

表Ⅱ-4　ホワイトソースの官能検査結果

	電子レンジ	鍋
色	16***	0
舌ざわり	16***	0
味	6	10
香り	2	14**
総合評価	11	5

1%，*0.1%の危険率で有意差あり
（田原美和，岩田奈穂：琉球大学教育学部紀要，第76集，119〜126，2010）

18. 調理への利用⑤：茶わん蒸し作り（蒸し加熱との比較）

目的　電子レンジと従来法で茶わん蒸しを作り，官能評価結果と作業能率を比べる。

方法

試料（2個分）：卵 1個，だしの素 小さじ1/5，熱湯 3/4カップ，みりん・淡口しょうゆ 各小さじ1

器具：電子レンジ（出力600W），ガスこんろ，蒸し器，こし器，ボウル，器2個，温度計，ラップ，アルミ箔

方法：①ボウルに卵を溶きほぐし，他の材料を混ぜてこし器でこし，器2個に分ける。

　②1個の器にラップをかけ，さらに器の上部にアルミ箔（中心部を丸く切り取る）をかぶせ，電子レンジで1分30秒加熱する。

　③蒸し器に温度計をさしこみ，85℃に達するのを確認する。④もう1個の器に蓋をし，85〜90℃で15分間蒸す。

解説　田原らの報告によると，加熱時間は，電子レンジ加熱1分30秒，蒸し加熱は85℃に達するまでに7分，蒸し時間15分を要している。連続して作ると，レンジ製の茶わん蒸しはすだちが発生したが，官能評価はすべての項目で有意差がなかった（表Ⅱ-5）。

表Ⅱ-5　茶わん蒸しの官能検査結果

	電子レンジ	蒸し器
舌ざわり	10	6
硬さ	10	6
味	6	10
総合評価	6	10

（田原美和，岩田奈穂：琉球大学教育学部紀要，第76集，119〜126，2010）

19. 電子レンジのアイデア活用法（簡単に試せる実験法，便利な利用法）

電子レンジの簡単に試せる実験法，便利な利用法，意外な利用法を，似た作用をまとめて紹介する。前半に食材関係の利用法を，後半に食材以外の利用法を示す。

【食材への利用】

1 マシュマロを使って物性変化を観察し，リフォーム菓子を作る〈膨化〉

試料／器具：マシュマロ 2個，板チョコレート 2片，ビスケット 4枚，ひなあられ・米菓子／電子レンジ（出力500または600W），皿

方法：（1）①マシュマロとチョコレートをビスケットの上にのせる。②電子レンジで20〜30秒加熱し，膨れたり，溶けたりする物性変化を観察する。③上にビスケットをのせると，マシュマロサンドができる。

（2）①ひなあられ，米菓子などの中にマシュマロを入れる。②電子レンジで加熱し，膨れたら取り出す。③包み込むように丸めると，マシュマロボールができる。

マシュマロサンド

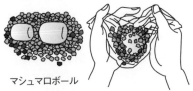
マシュマロボール

2 ホットケーキミックスを使ってカップケーキを作る〈膨化〉

試料／器具：ホットケーキミックス 大さじ4，オレンジジュース 大さじ2（または，牛乳 大さじ2，抹茶 小さじ1）／電子レンジ（出力500または600W），紙コップ

方法：①ホットケーキミックスとオレンジジュース（または牛乳，抹茶）を，紙コップに入れて混ぜる。②電子レンジで1分加熱し，膨れた状態を観察する。

3 （1）にんにくの皮をむく，（2）ぎんなんの殻をむく〈破裂〉

試料／器具：にんにく 丸ごと1個（65g），ぎんなん 5〜10個／電子レンジ（出力500または600W），紙封筒

方法：（1）①にんにくの根元を切り落とし，電子レンジで1個につき約30秒加熱する。②手で絞り出すと，簡単に中身が取り出せる。なお，にんにく1個につき1分強加熱すると，臭いが抑えられてホクホクとした食感になる。

（2）①ぎんなんを紙封筒に入れ，口を二重折りにする。②電子レンジで40秒〜1分加熱し，ぎんなんのポンポンとはじける音がしたら取り出す。はじけていないぎんなんは，瓶などでたたいて殻と薄皮をむく（先に割れ目を入れてから，封筒で加熱してもよい）。③色がきれいで，火が通っているが，形はふぞろいである。

4 （1）パン粉，（2）クルトン，（3）かりんとうを作る〈乾燥〉

試料／器具：余った食パン，砂糖，黒砂糖，しょうゆ，水／電子レンジ（出力500または600W），おろし金，キッチンペーパー，耐熱容器

方法：**（1）**①食パンを，ラップなしで裏返しながら電子レンジで数分加熱して乾燥させる。②おろし金ですりおろすとパン粉ができる（軟らかい乾燥状態ですりおろすと，粗目のパン粉になる）。

（2）①食パンを5mm～1cmの角切りにする。②キッチンペーパー上で裏返しながら電子レンジで数分加熱して乾燥させると，ヘルシーなクルトンになる。

（3）①パンの耳を3～4cmの拍子木に切り，キッチンペーパー上で裏返しながら数分加熱して乾燥させる。②耐熱容器に砂糖，黒砂糖，しょうゆ，水を入れてレンジ加熱して沸騰させ，乾いたパンの耳を手早くからめると，かりんとうになる。

5 （1）ふりかけ，（2）魚フレークを作る〈乾燥〉

試料／器具：たらこ・じゃこなど（味のよいもの），しそ・パセリなど（香りのよいもの），ごま（コクのあるもの），塩サケ，酒／電子レンジ（出力500または600W），キッチンペーパー，すり鉢

方法：**（1）**①たらこ・じゃこ，しそ・パセリなどを，細かく刻んだり，細かくほぐしたりしておく。②キッチンペーパーの上に①を広げ，電子レンジで数分加熱してかき混ぜる操作を繰り返して加熱乾燥させると，ふりかけになる。

（2）①塩サケ一切れを3～6個に切り，キッチンペーパーの上に間を空けて置き（電波が入りやすいように），酒少々をかけて電子レンジで2分加熱する。②皮と骨を除き，すり鉢ですると，サーモンフレークになる。

サーモンフレーク
塩サケは電波が入りやすいように切って加熱
酒をふりかける
皮と骨を取る
すり鉢で砕く

6 （1）砂糖や塩をさらさらにする，（2）湿ったせんべいをパリッとさせる〈乾燥〉

試料／器具：湿って固まった砂糖・塩，湿ったせんべい・ポテトチップスなど／電子レンジ（出力500または600W），キッチンペーパー

方法：**（1）**①固まった砂糖や塩をラップなしで，電子レンジで約30秒加熱してかき混ぜると，さらさらの状態になる。②様子を見て加熱を追加する。

（2）①湿ったせんべいやポテトチップスをラップなしで，電子レンジで約30秒加熱して乾燥させる。②様子を見て加熱を追加する。③冷めると，パリッとした食感になる。

7 （1）ごまを炒る，（2）おからをから炒りする〈乾燥〉

試料／器具：いりごま，おから／電子レンジ（出力500または600W），耐熱容器（すり鉢を使ってもよい）

方法：**（1）**①ごまを容器に入れてふんわりとラップし，大さじ1につき電子レンジで1～2分加熱する。②パチパチとはじける音がしたら取り出す。ナッツ類も同様の方法で香ばしさを引き出すことができる。

（2）①おからを容器に広げて入れ，電子レンジで数分加熱し，ほぐすようにかき混ぜる。②様子をみてさらに数分加熱してかき混ぜ，パラパラにする。③冷凍保存してもよい。

8　(1) 野菜チップス，(2) ドライハーブを作る〈乾燥〉

試料／器具：かぼちゃ・れんこんなど，ハーブ類／電子レンジ（出力500または600W），野菜スライサー，キッチンペーパー

方法：**(1)** ①かぼちゃ・れんこんなどを野菜スライサーで約3mmの薄切りにする。②キッチンペーパーの上に①を広げ，電子レンジで数分加熱してかき混ぜる操作を繰り返して加熱乾燥させると，野菜チップスになる。

(2) ①ハーブ類を，日陰の風通しのよい所で大部分乾かす。②キッチンペーパーにはさんで電子レンジで仕上げ乾燥すると，ドライハーブを作ることができる。

手で葉をむしる

ローズマリー　タイム

ミント

9　たんぱく質分解酵素を含むフルーツゼリーを作る〈酵素の失活〉

試料／器具：キウイフルーツ 1個，粉ゼラチン 5g（水 大さじ1で湿らせておく），砂糖 40g，水 200mL，レモン汁 大さじ1／電子レンジ（出力500または600W），ゼリー型 2個

方法：①キウイフルーツの皮をむき，角切りにする。②キウイフルーツ，砂糖，水を容器に入れ，電子レンジで約1分30秒加熱する。③ゼラチンを加えて溶かし，レモン汁を加える。④水でぬらした型に流し入れ，冷蔵庫で冷やし固める。

解説：たんぱく質分解酵素を含む生のキウイフルーツ，パイナップル，パパイヤ，マンゴーをゼラチンゼリーに加えると，ゼラチンが分解されてゼリーが溶けてしまう。この酵素は熱に弱く，60℃以上の温度で失活するので，果物の風味を損わない程度の加熱処理を行えば，ゼリーを作ることができる。ゼラチンは50〜60℃で溶解するので，レンジ加熱した後の熱で溶かせばよい。

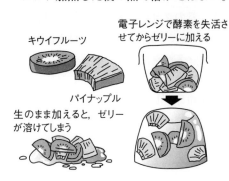

キウイフルーツ　　電子レンジで酵素を失活させてからゼリーに加える

パイナップル

生のまま加えると，ゼリーが溶けてしまう

10　(1) 無塩バター，(2) レモンバターを作る〈溶解〉

試料／器具：バター（有塩）50g，レモン汁，パセリ／電子レンジ（出力500または600W），耐熱容器

方法：**(1)** ①バターを，電子レンジで約30秒加熱して溶かす（固まりが残っていたら混ぜて溶かす）。②上層を集めて無塩バターとして使う（下層は料理に使う）。

(2) ①溶かしバターに，レモン汁とパセリのみじん切りを加えると，レモンバターができる。②ステーキやムニエルにのせたり，じゃが芋やアスパラガスにからめたりして使う。

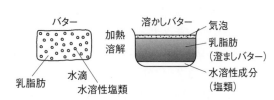

バター　　　　　　　　溶かしバター　気泡
　　　　　　　加熱　　　　　　　　乳脂肪
　　　　　　　溶解　　　　　　　　（澄ましバター）
乳脂肪　　　水滴　　　　　　　　水溶性成分
　　　　水溶性塩類　　　　　　　（塩類）

11　(1) チーズフォンデュ風ディップ，(2) チョコレートディップを作る〈溶解〉

試料／器具：クリームチーズ 100 g，クリームスープ（缶入り）100 g，ミルクチョコレート 50 g，牛乳 大さじ 2／電子レンジ（出力 500 または 600 W），耐熱容器

方法：(1)①クリームチーズを器の半量ほど入れ，電子レンジで約 1 分加熱して溶かす。②等量のクリームスープを加え，約 1 分（熱くなるまで）加熱して，よくかき混ぜる。③フランスパンやステック状の野菜を，ディップに浸しながら食べる。

(2)①粗砕きしたチョコレートと牛乳を電子レンジで 40 秒〜1 分加熱し，よくかき混ぜる。②パンの耳やビスケットを浸しながら食べても，果物やアイスクリームにかけてもよい。

12　柑橘類の果汁を絞りやすくする〈軟化〉

試料／器具：レモン・オレンジ・ゆず・すだちなど／電子レンジ（出力 500 または 600 W）

方法：①皮が硬くて果汁が絞りにくいレモンを，丸のまま電子レンジで 30 秒〜1 分加熱すると，軟らかくなって果汁の流動性が増し，最後の一滴まで絞ることができる。②他の柑橘類も同様にすると，絞りやすくなる。

13　豆腐の水切りをする〈脱水〉

試料／器具：豆腐／電子レンジ（出力 500 または 600 W），キッチンペーパー

方法：①豆腐をキッチンペーパーに包む。②1 丁につき 2〜3 分電子レンジで加熱すると，豆腐の水切りができ，殺菌もできる。白あえに使う場合は，冷まして，厚手のキッチンペーパーに包んで絞る。くずしてから加熱するほうが効率がよい。

14　乾物をすばやく水もどしする〈吸水〉

試料／器具：干し椎茸，かんぴょう，高野豆腐，ひじき，ドライフルーツ，水／電子レンジ（出力 500 または 600 W），耐熱容器，ラップ

方法：(1)①容器に乾物とひたひた程度の水を入れ，ラップで落としぶたをして，水 100 g につき，電子レンジで 1〜2 分加熱する。②5 分ほど蒸らすと乾物が元の状態にもどる。

(2)①ドライフルーツ 100 g に大さじ 2〜3 の水を加え，電子レンジで 1 分加熱してかき混ぜる。②さらに 1 分加熱してかき混ぜると，元の状態にもどり，香りもよくなる。

15　(1) 卵酒，(2) たる酒を作る〈調理〉〈風味の変化〉

試料／器具：日本酒 200 mL，砂糖 大さじ 1〜2，卵 1 個／電子レンジ（出力 500 または 600 W），マグカップ，とっくり，杉箸

方法：(1)①マグカップに卵を入れて溶きほぐし，砂糖，日本酒も入れて混ぜ合わせる。②電子レンジで 30 秒加熱してかき混ぜ，さらに 30 秒加熱してかき混ぜる操作を 2〜3 回繰り返し（好みの熱さ，凝固状態になるまで），卵酒を作る。

(2)①日本酒をとっくりに入れ，杉箸をさす。②電子レンジで加熱すると，杉の香りが移り，たる酒の風味が楽しめる。

低めのとっくりに
杉箸を入れて加熱

16 （1）じゃが芋団子，（2）新食感の ポテトサラダを作る〈食感の変化〉

試料／器具：じゃが芋（男爵） 各1個，きな粉，砂糖，酢 小さじ1強，ベーコン，トウモロコシ（缶詰，ホールタイプ），マヨネーズ／電子レンジ（出力500または600W），おろし金，耐熱容器，ラップ

方法：（1）①じゃが芋の皮をむいてすりおろす。酢を少々混ぜると褐変を防げる。②ラップをかけ，1個（150g）につき，電子レンジで約3分加熱する。③粘りのある食感になったことを確認し，丸めて砂糖入りのきな粉をまぶすとじゃが芋団子になる。

（2）①すりおろしたじゃが芋を，1個につき，電子レンジで約3分加熱する。②角切りにしたベーコン，トウモロコシ，マヨネーズを加えて混ぜると，粘りのある新食感のポテトサラダになる。

17 （1）麺をほぐす，（2）カップうどん をもちもち食感にする〈食感の変化〉

試料／器具：中華麺またはうどん 1袋，カップうどん 1個／電子レンジ（出力500または600W），どんぶり，ラップ

方法：（1）麺1袋を，袋のまま電子レンジで約1分加熱する。麺がほぐれて調理しやすくなるだけでなく，ツヤツヤとしたこしのある麺になる。

（2）①カップうどんに，表示線より3mm上まで熱湯を入れる（麺や具に水分が入りやすくなるため）。②どんぶりに移し，ラップをしてレンジで約3分加熱すると，生麺のようなもちもち，つるつるの食感になる。

18 失敗料理を手直しする〈内部加熱〉

試料／器具：中が生っぽい膨らみ不足のケーキ，生焼けの魚肉，軟らかすぎるご飯／電子レンジ（出力500または600W），平らな皿

方法：（1）表面は焦げているのに中が生っぽいケーキ，骨のまわりに血が残る焼き魚などは，電子レンジなら数分の加熱で手直しできる（骨には無機塩が多いので，電波がはね返り，骨のまわりの電波密度が高くなって加熱されやすくなる）。

ケーキの中が生っぽくはりがない

電子レンジ加熱で修正完了

（2）軟らかすぎるご飯は，平らな皿に広げ，ラップをかけないで1〜2分電子レンジで加熱して水分をとばす（ご飯を熱い番茶とともに加熱して，茶がゆにしてしまう手直し法もある）。

19 玉ねぎサラダ，おかか玉ねぎを作る〈無臭化〉

試料／器具：玉ねぎ 1個，ツナ（缶），ドレッシング，かつお節，しょうゆ／電子レンジ（出力500または600W），耐熱容器

方法：①玉ねぎをスライスし，電子レンジで約2分加熱して水にさらす（先に玉ねぎをまるごと加熱してスライスすれば，涙が出ない）。②ツナをのせ，ドレッシングをかけてサラダにしたり，かつお節としょうゆをかけておひたしにしたりする（玉ねぎ臭がないので，サラダでもおひたしでも，たっぷり食べられる）。

20 （1）油揚げの油抜き，（2）ベーコンの脂抜きをする〈脱脂〉

試料／器具：油揚げ，ベーコン／電子レンジ（出力 500 または 600 W），キッチンペーパー

方法：（1）油揚げを水でぬらし，キッチンペーパーに包んで，電子レンジで 1 枚当たり約 30 秒加熱すると，油がぬけてふっくらする。

（2）ベーコン 2 〜 3 枚をキッチンペーパーの間に重ならないようにはさみ，電子レンジで約 1 分 30 秒加熱すると，脂が抜け，カリカリのベーコンができる。

21 アルミ箔を使ってゆで卵を作る〈電波の遮断〉

試料／器具：卵 1 〜 2 個／電子レンジ（出力 500 または 600 W），アルミ箔，大きめのコップまたはマグカップ，ラップ，タオル

方法：①生卵の全面をアルミ箔で包み，コップに入れて卵がかぶるだけの水を入れる。②ラップをかけ，電子レンジで 3 〜 4 分加熱して沸騰させる。③タオルをかけて 3 分間保温すると半熟卵が，12 分間保温すると省エネで軟らかめの固ゆで卵ができる。

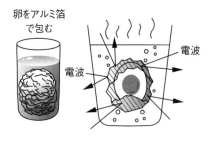

卵をアルミ箔で包む

電波　電波　電波

【食材以外への利用】

22 スポンジやふきんの，（1）殺菌，（2）しみぬき・漂白をする〈殺菌〉

試料／器具：おしぼり，スポンジ，ふきん，タオル，漂白剤／電子レンジ（出力 500 〜

700 W），ポリ袋

方法：（1）①電子レンジ（出力 700 W）で，おしぼり 10 本当たり 3 分加熱すると，約 90℃になり殺菌できる。ポリ袋ごと加熱すれば，二次汚染も防止できる。②汚れたスポンジを洗剤でもみ洗いした後，水を軽く絞り，電子レンジで 1 〜 2 分加熱して殺菌する。

（2）漂白剤入りの水に浸したふきんやタオルの水を軽く絞り，電子レンジで加熱すれば，しみぬきや漂白ができる（金具や金属ボタンがついた衣類は，絶対に電子レンジで加熱しないこと）。

23 押し花を作る〈乾燥〉

試料／器具：押し花にしたい花／電子レンジ（出力 500 または 600 W），ティッシュペーパー，キッチンペーパー，平皿（またはタイル，ガラス板），輪ゴム，軍手

方法：①ティッシュペーパーの間に押し花にしたい花をはさみ，さらにキッチンペーパーと平皿（またはタイル，ガラス板）で両側からはさみ，輪ゴムでとめる。②電子レンジで 1 分加熱して内部を確認し，様子を見て加熱を追加する。熱いので軍手を使う。

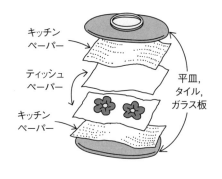

キッチンペーパー

ティッシュペーパー

キッチンペーパー

平皿，タイル，ガラス板

24　ドライフラワーを作る
〈乾燥〉

試料／器具：ドライフラワーにしたい花，ドライフラワー用シリカゲル／電子レンジ（出力500または600W），耐熱容器

方法：①容器の底にシリカゲルを敷き，花を首のつけ根から切ってその上に置く。②花がかくれるまで上からもシリカゲルをかける（花びらの間にも入れる）。③電子レンジで30秒加熱する操作を，様子を見ながら数回繰り返し，乾燥させる。④保存は，密閉した容器です。⑤シリカゲルは，電子レンジで加熱乾燥して再利用する。

シリカゲルに埋めて

葉はそのまま加熱

シリカゲルを入れて
密封保存

25　蒸しタオルで温湿布，肌の手入れをする〈温熱〉

試料／器具：タオル，（こんにゃく）／電子レンジ（出力500または600W），ポリ袋

方法：①湿らせたタオルを電子レンジで30〜40秒加熱して蒸しタオルを作る。②肩こりのつぼを刺激したり，顔を温めて美容液を浸み込ませたり，頭皮を刺激して育毛をうながしたり，多方面に効能がある（つぼ刺激には，温めたこんにゃくを利用するのもよい）。

26　（1）木材を曲げる，（2）切手をはがす〈軟化〉

試料，器具：小枝・木片，はがしたい切手／電子レンジ（出力500または600W），ラップ，ひも

方法：（1）①曲げたい小枝や木片を，数時間から一晩水に浸ける。②ラップで包んで，電子レンジで1分ほど加熱する。③丸いもの（机の足など）に巻き付けて固定する。冷めると曲がったままになる。

（2）①はがしたい切手の上に指で水を付ける。②電子レンジで20〜30秒加熱し，端の方からはがす。

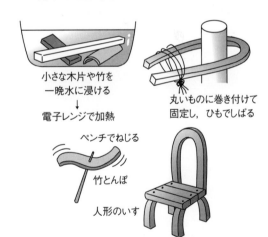

小さな木片や竹を
一晩水に浸ける
↓
電子レンジで加熱

丸いものに巻き付けて
固定し，ひもでしばる

ペンチでねじる

竹とんぼ

人形のいす

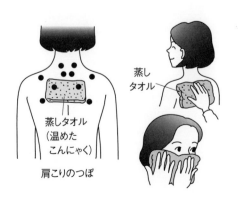

蒸し
タオル

蒸しタオル
（温めた
こんにゃく）

肩こりのつぼ

時短調理を活用した実習

　本章では，一般的な家庭用電子レンジを使用して調理することを前提としている。「弱キー（150〜200W）」のように特に記載がない限り，出力は600Wである。実習に用いる電子レンジが500W出力の場合は，加熱時間を1.2倍にする（p.12参照）。

　電子レンジ調理では，加熱むらを避けるため，ターンテーブル式ではターンテーブルの縁に沿った場所に，フラット式では庫内中央に食材を置く（p.4参照）。電子レンジ調理で使用可能な容器は，耐熱ガラス製容器・耐熱プラスチック製容器，陶器・磁器（いずれも模様等のないもの），ポリ袋などである。ただし，陶器は急激な温度変化や長期の使用で破損しやすく，ポリ袋は高温に弱いため揚げ物などでは使用できないので注意が必要である。鍋など金属製容器はマイクロ波が反射して発火や電子レンジの故障の原因となるため使用は避ける。

　なお，電子レンジは少量調理に向いているので，本章で紹介するレシピは2人分を基本としている。4人分の場合は，材料はすべて2倍量とし，加熱時間は倍とする。

1．野菜・芋料理

　1970年代の日本は，生活習慣病の疾病率が低かったが，当時の日本人の野菜摂取量の平均は1日350gであった。その後研究が進み，野菜350g（淡色野菜230g，緑黄色野菜120g）を取れば人が体内で作ることのできない，そして健康に生活するために欠かせない，ビタミン，ミネラル，食物繊維や，第七の栄養素といわれるファイトケミカルを，ほぼ充足できることがわかってきた。

　なお，芋は本来，野菜の分類には入らないが，ビタミンCの含有量が高く，そのビタミンCはデンプン細胞の中に存在し，加熱しても外に溶け出さない。また，食物繊維を多く含み，ファイトケミカルも多数発見されていることから，本書では「野菜・芋料理」とした。

●電子レンジによる野菜調理の特長
　・湯を沸かす必要がないため光熱費が1/4で済み，時間短縮にもなり，省エネにもなる。
　・鍋でゆでたときより，水溶性のビタミンが多く残る（p.14参照）。
　・ミネラルも残るがあくも残る。あくのあるものは水に取って絞って使う。
　・歯ごたえがよく，色が美しい。幼児や児童は，色が美しく，歯ごたえのある電子レンジ加熱の野菜を好んで食べる傾向がある。
　・葉物やさやいんげんなど，水を加え，加熱時間を長めにすることで，ふっくらと軟らかくゆで上がる。介護食や幼児食にも応用できる。

1　ほうれん草のおひたし

1食分35kcal／塩分0.9g

　ほうれん草（100g）はポリ袋に入れ，電子レンジで2分加熱。あくがあるので水に取って冷まして絞り，切ってから調味する。それでも鍋に湯を沸かすより，はるかに早い。

[材料] 2人分

　ほうれん草······························150g
　削り節······················小1パック（3g）*

Ⓐ 〈たれ〉
　　しょうゆ·······················小さじ2（12g）
　　水·······························小さじ1（5mL）

[作り方]

① 　ほうれん草は洗って長さを半分に切り，水を付けたままポリ袋に入れ，袋の口は閉めずに耐熱容器にのせ，電子レンジ600Wで3分加熱する。

② 　すぐ冷水に取って冷まし，水気を絞る。茎の根元に包丁で縦に切り込みを入れ，2cm長に切る。

③ 　②を絞ってボウルに入れ，削り節の半量とⒶを加えてあえる。器に盛り，残りの削り節をかける。

＊削り節（3g）を平皿に広げ，ラップはかけずに電子レンジ600Wで30〜40秒加熱する。指でもんで細かくすると，焙烙（ほうろく）で煎ったようにシャリシャリで，香りも立つ。

2　ほうれん草のごまあえ

1人分70kcal／塩分1.2g

　電子レンジなら，あっという間に下ゆでが完了する。しかも，ゆでるより栄養素を逃さない。香ばしいごまのあえごろもで，ほうれん草のおいしさが引き立つ。

[材料] 2人分

　ほうれん草······························150g
　すりごま（白）·················大さじ1（10g）

　砂糖·······························大さじ1（9g）
　しょうゆ·······················小さじ2（12g）

[作り方]

① 　ほうれん草は洗って長さを半分に切り，水を付けたままポリ袋に入れ，袋の口は閉めずに耐熱容器にのせ，電子レンジ600Wで3分*加熱する。

② 　取り出して冷水に取り，茎の根元に包丁で十字の切り目を入れて縦に割き，ざるに上げて固く絞り，2〜3cm長に切る。葉は幅があるので，長さに直角に1.5cm幅に切る。

③ 　ボウルに②を入れ，白すりごま，砂糖，しょうゆの順に加え，そのつど混ぜて味をなじませる。

＊介護食や離乳食では加熱時間を5分にのばし，冷水に取る。ぐっと軟らかくなり，のど越しもよくなる。

3　ほうれん草の白あえ

1人分125kcal／塩分1.4g

ほうれん草をゆでるのも，豆腐の水切りも，電子レンジ加熱で行える。

[材料] 2人分

ほうれん草	………………………	150g
木綿豆腐	…………………………	100g

Ⓐ

練りごま（白）	…………………	大さじ1	（15g）
生クリーム*	…………………	大さじ1	（15g）
砂糖	…………………………	小さじ2	（6g）
みりん	………………………	小さじ1	（6g）
みそ	…………………………	小さじ1強	（7g）

[作り方]

① ほうれん草は洗って長さを半分に切り，水を付けたままポリ袋に入れ，袋の口は閉めずに耐熱容器にのせ，電子レンジ600Wで5分加熱する。冷水に取って水気を絞って2cm長に切る

② 耐熱ボウルにキッチンペーパーを2枚敷き，豆腐をくずしながら入れ，ラップをかけずに電子レンジで2分加熱する。

③ ボウルにⒶを合わせ，②の豆腐をざるにのせ，すりこ木でつぶしながらこして加え，滑らかになるまで混ぜ，①のほうれん草をあえ，器に盛る。

＊生クリームを加えると，衣がなめらかになる。

4　チンゲンサイの卵とじ

1人分109kcal／塩分0.7g

卵とじは煮汁にとろみを付けて溶き卵を加え，半熟状に加熱し，あとは余熱で仕上げる。

[材料] 2人分

チンゲンサイ	…………………	2株	（200g）

Ⓐ

水	……………………………	大さじ3	（45mL）
和風だし（顆粒）	…………	小さじ1/2	（2g）
砂糖	…………………………	小さじ1	（3g）

Ⓑ

片栗粉	………………………	小さじ1	（3g）
水	……………………………	小さじ2	（10mL）
溶き卵	………………………	2個分	（100g）

[作り方]

① チンゲンサイは3cm長に切り，根元の茎の部分は縦6～8等分する。

② 耐熱ボウルにⒶを入れて混ぜ合わせ，①の葉，根元の順に加える。両端を少しずつあけてラップをかけ，電子レンジ600Wで4分加熱する。

③ 取り出してラップを外し，熱いうちにⒷの水溶き片栗粉を加えて混ぜる。とろみが付いたら溶き卵を加え，再びラップをかけて，電子レンジで1分加熱する。卵が半熟状に固まったら，庫内に1分おいて余熱で火を通す。

5 にらの洋風煮びたし

1人分174kcal／塩分1.0g

[材料] 2人分

にら*	1把（100g）
ベーコン	2枚（30g）
水	100mL
コンソメ（顆粒）	小さじ1/2（2g）
バター	小さじ2（8g）
しょうゆ	小さじ1（6g）

[作り方]

① にらは硬い根元を少し切り落としてから4cm長に切り，ベーコンは3cm長に切る。

② 耐熱ボウルに①を入れ，水を注いでコンソメ，バター，しょうゆを加える。

③ 両端を少しずつあけてラップをかけ，電子レンジ600Wで4分加熱する。取り出して混ぜ，器に盛りつける。

＊にらに限らず，わけぎ，万能ねぎ，長ねぎなどを調理してもよい。ネギ科特有のヌメリ豊富な一品に仕上がる。

バター風味の煮びたしは，パン食にもよく合う。バターをオリーブオイルやごま油に代えると，イタリアン，韓国風などバリエーションを楽しめる。

4人分作るときは，材料はすべて2倍量にし，加熱時間4分は2倍の8分にする。

6 小松菜と油揚げのさっぱり煮

1人分108kcal／塩分0.9g

[材料] 2人分

小松菜	200g
油揚げ	1枚（40g）

Ⓐ〈煮汁〉

水	100mL
和風だし（顆粒）	小さじ1/2（2g）
酒	小さじ2（10g）
しょうゆ	小さじ2（12g）

[作り方]

① 小松菜は水洗いして根を切り落としてから，5cm長に切る。油揚げは縦半分に切って，小口から1cm幅に切る。

② 耐熱ボウルにⒶの煮汁を入れ，油揚げ，小松菜の葉，茎の順に加える。両端を少しずつあけてラップをかけ，電子レンジ600Wで4分加熱する。

③ 取り出して一混ぜし，器に盛りつける。

カルシウムもクロロフィルもたっぷりの小松菜は，あくがないので電子レンジ調理向きの食材である。煮汁に油揚げを先に加えることで，油気を全体に回すことができる。

7 　大根とホタテ貝柱の煮物

1人分42kcal／塩分0.6g

　ホタテ貝柱のうま味をたっぷり含んだ大根の
煮物の調理のポイントは，材料にクッキングシ
ートをじかにかぶせ，小皿をのせ，落としぶた
代わりにすることである。これにより煮汁が全
体に行き渡り，大根がふっくらとジューシーに
仕上がる。

[材料] 2人分

大根* ……………………………… 1/4本（250g）

ホタテ貝柱（水煮）……………… 小1缶（55g）

水 ………………………………… 1カップ（200mL）

塩 ………………………………… 小さじ1/5（1.2g）

ゆずの皮（せん切り）………………… 少々（5g）

[作り方]

① 　大根は皮をむき，十文字に4つ割りにして
3mm厚のいちょう切りにする。

② 　耐熱ボウルに分量の水を入れ，ホタテ貝柱
の身をほぐして加え，缶汁，塩を加えて混
ぜ，①を加える。

③ 　クッキングシートを②にじかにかぶせ，小
皿をのせる。両端を少しずつあけてボウルに
ラップをかけ，電子レンジ600Wで9分加熱
する。

④ 　取り出して混ぜ，器に盛り，ゆずの皮をの
せる。

＊同量（250g）のかぶに代えてもよい。かぶの
場合は，電子レンジ加熱を7分にする。

8 　かぶのすだちあえ

1人分40kcal／塩分1.2g

　かぶの持ち味であるさわやかな酸味を生か
す。電子レンジ加熱は野菜の色，味，香りを鮮
明に残すことができる。

[材料] 2人分

かぶ ……………………………………… 2個（200g）

かぶの茎と葉（やわらかい部分）…………… 30g

塩 ………………………………………… 小さじ1（6g）

砂糖 ……………………………………… 大さじ1（9g）

すだち*の搾り汁 ……………………… 大さじ1

すだちの皮（せん切り）………………… 少々

[作り方]

① 　かぶは皮をむいて2等分し，幅2mmの半
月切りにする。茎と葉は2cm長のざく切り
にする。

② 　耐熱皿にかぶを並べ，葉と茎をのせ，塩を
振る。ふんわりとラップをかけ，電子レンジ
600Wで2分加熱する。冷めたら水気を絞る。

③ 　ボウルに砂糖とすだちの搾り汁を合わせ，
②を加え，味がなじむまで10分おく。

④ 　器に③を盛り，すだちの皮をのせる。

＊すだちがなければ，かぼす，ゆず，レモンで
代用してもよい。

9　きんぴらごぼう

1人分84kcal／塩分0.9g

　きんぴらごぼうを歯ごたえよく仕上げるために，まずキッチンペーパーにのせて電子レンジ加熱で余分な水分を取る。水分を取った後，調味料をからめ，ラップはかけずに電子レンジ加熱してさらに水分を飛ばすと，香ばしい炒り煮に仕上がる。

[材料]　2人分

ごぼう	1本（150g）
赤唐辛子	1本（1g）
しょうゆ	小さじ2（12g）
砂糖	小さじ2（6g）
ごま油	小さじ1（4g）

[作り方]

① ごぼうは皮をこそげて長めのささがきにし，薄い酢水（水1カップに酢大さじ1）に5分さらしてあくを抜き，水気を切る。

② ボウルにキッチンペーパーを敷き，ごぼうを入れ，ふんわりとラップをかけ，電子レンジ600Wで2分加熱し，ざるへ上げる。

③ ボウルの水分をふいてごぼうを戻し，しょうゆ，砂糖，ごま油，2つに切って種を除いた赤唐辛子を加えて混ぜ合わせ，ラップはかけずに電子レンジで2分加熱する。混ぜ合わせて器に盛る。

10　にんじんのグラッセ

1人分97kcal／塩分0.2g

　電子レンジによるスピード加熱はにんじんの色を鮮やかにし，特有のくせがなく仕上がる。ただし，にんじんは特有の繊維層があり，調味料を加えただけで加熱すると火の通り方にむらができるが，水を加えることで，鍋で煮たような仕上がりになる。

[材料]　2人分

にんじん	1本（150g）
レーズン	大さじ1
水	100mL
砂糖	小さじ2（6g）
塩	少々（0.2g）
バター	大さじ1（12g）

[作り方]

① にんじんは皮をむいて5mm厚の輪切りにし，レーズンはさっと水洗いする。

② 耐熱ボウルに分量の水を入れ，砂糖と塩を溶かして，にんじんとレーズン，バターを加える。材料に張りつけるようにしてラップをかけ，余った分は縁に沿って立ち上げる。

③ 電子レンジ600Wで6分加熱して，そのまま庫内に1～2分おいて蒸らす。

11　カリフラワーのカレー漬け

1人分56kcal／塩分0.9g

　食欲をそそるカレー味の副菜である。歯応え
の残るカリフラワーに，玉ねぎとちりめんじゃ
こがからまって，おいしさをアップさせる。

[材料]　2人分

　カリフラワー……………………… 1/2個（200g）

Ⓐ

「　和風だしのもと（顆粒）…小さじ1/2（2g）

　カレー粉………………………小さじ2（2g）

　ラー油……………………………小さじ2（8g）

　酢…………………………………大さじ2（30g）

└　しょうゆ………………………小さじ1（6g）

　玉ねぎ……………………………1/8個（25g）

　ちりめんじゃこ…………………大さじ2（8g）

[作り方]

① 　カリフラワーはざっと茎ごとに切り分け，
大きいものはさらに2〜3つに切り分けて，
大きさをそろえておく。

② 　玉ねぎはみじん切りにする。

③ 　耐熱ボウルにⒶを合わせて混ぜ，②とちり
めんじゃこを加え，ふんわりとラップをか
け，電子レンジ600Wで2分加熱する。

④ 　取り出して①を加えてよく混ぜ，ふんわり
とラップをかけ，電子レンジで4分加熱す
る。

12　ブロッコリーのじゃこ炒め

1人分67kcal／塩分0.6g

　ちりめんじゃこはカルシウムとビタミンDを
豊富に含み，うま味調味料代わりにもなる。電
子レンジで加熱したブロッコリーは茎まで緑色
に発色し，しかも軟らかく仕上がる。この緑色
は葉緑素（クロロフィル）によるものだが，熱
に弱く，冷めるに従い，黄色味を帯びてくる。

一般の調理では，それを防ぐために，炒め物の
仕上げは時間を短めに設定するとよい。

[材料]　2人分

　ブロッコリー…………………………………150g

　ちりめんじゃこ…………………大さじ1（4g）

　ごま油……………………………小さじ1（4g）

　塩……………………………………少々（0.2g）

[作り方]

① 　ブロッコリーは小房に分け，耐熱ボウルに
入れて塩を振る。

② 　ちりめんじゃこをごま油であえ，①のブロ
ッコリーに散らす。

③ 　両端を少しずつあけてラップをかけ，電子
レンジ600Wで2分加熱する。

④ 　取り出して，全体を上下に返すように混
ぜ，器に盛る。

13　かぼちゃの黒糖煮

1人分158kcal／塩分0g

　かぼちゃは硬い皮が外側にくるようにして，ボウルの側面に張り付けるように置くと，均一に加熱できる。レモンをのせると，これが落としぶた代わりとなり，風味もよくなる。

[材料]　2人分

かぼちゃ	200g（正味）
黒糖（粉）	大さじ4（36g）
レモン（輪切り）	4枚（20g）

[作り方]

① 　かぼちゃはわたと種をスプーンで除き，6等分に切って，断面を下にまな板に置き，包丁で皮をところどころそぐ。見栄えよく仕上げるテクニックなので，省略してもかまわない。

② 　耐熱ボウルにかぼちゃの皮の面を側面に張り付けるように置き，身に黒糖を振りかけ，レモンをのせる。両端を少しずつあけてラップをかけ，電子レンジ600Wで4分加熱する。竹串を刺してみて，スーッと通れば取り出す。硬い場合は，さらに電子レンジで1分ほど加熱するとよい。

③ 　熱いうちにかぼちゃを裏返す。空気に触れると皮につやが出る。粗熱を取り，器に盛る。

14　キャベツのごまポン酢あえ

1人分125kcal／塩分1.1g

　ごまを使ったあえ物は，食材にすりごまをまぶして絡めた後に，ポン酢しょうゆなど液体の調味料を加えると，ごまとよくなじむ。

　キャベツは，胃腸障害に効果があるビタミンUが多いだけでなく，生活習慣病を引き起こす活性酸素を消去する力もあることが知られている。地中海原産で古代ギリシャの時代には薬用野菜だったといわれている。

[材料]　2人分

キャベツ	200g
すりごま（白）	大さじ2（20g）
ポン酢しょうゆ	大さじ1（15g）

[作り方]

① 　キャベツは3cm角に切り，ポリ袋に入れ，水大さじ1（15mL，分量外）を加える。

② 　ポリ袋が破裂しないよう，袋の口をあけたまま耐熱容器に置き，電子レンジ600Wで3分加熱する。

③ 　ポリ袋から取り出して水をかけて粗熱を取り，ざるにのせ，水分を切って，ボウルに移す。すりごまを加えてまぶし，ポン酢しょうゆを加えてあえる。

15　キャベツの辛子あえ

1人分45kcal／塩分1.0g

[材料]　2人分

キャベツ……………………………………200g

A

　溶き辛子………………………小さじ1/2（3g）

　しょうゆ……………………………大さじ1（18g）

　砂糖………………………………大さじ1（9g）

　酢…………………………………小さじ2（10g）

削り節…………………………小1パック（3g）

[作り方]

① キャベツは葉と芯に切り分ける。葉は3cm角に切り，芯は薄切りにする。

② ポリ袋に①を入れ，水大さじ1（15mL，分量外）を加えて，袋の口は閉じずに耐熱容器にのせ，電子レンジ600Wで3分加熱し，ざるへ上げ，水をかけて粗熱を取る。

③ ボウルにAを合わせてなめらかになるまで混ぜ，②を加えてあえ，器に盛り，削り節をかける。

隠し味の酢と辛みが食欲をそそる。電子レンジで加熱したキャベツは色鮮やかで，表面に艶のある仕上がりになる。加熱によって破壊されたキャベツの組織からしみ出した有機酸が，風味を損なうので，水をかけて有機酸をさっと流すと，色止め，臭い抜きになる。

16　白菜とさつま揚げの煮びたし

1人分81kcal／塩分1.5g

さつま揚げに煮汁をたっぷり含ませ，そのうま味を煮汁に出すために，先に入れる。

白菜は体を温める，大根，豆腐とともに「養生三宝」ともいわれる健康野菜。ビタミンC，カルシウム，カリウム，鉄分も含まれている。

[材料]　2人分

白菜…………………………… 大2枚（200g）

さつま揚げ………………………………1枚（30g）

A

　しょうゆ…………………………小さじ2（12g）

　酒…………………………………小さじ2（10g）

　和風だし（顆粒）…………小さじ1/2（2g）

[作り方]

① 白菜は葉の緑色の部分と白い部分（芯）に分け，緑色の部分は一口大（3〜4cm角）に，芯は5cm長に切りそろえ，縦に幅7〜8mmの細切りにする。さつま揚げは幅3mmの短冊切りにする。

② 耐熱ボウルにAを入れて混ぜ，さつま揚げを加えて，白菜の緑色の部分，芯の順にのせる。

③ クッキングシートをかぶせて小皿をのせ，両端を少しずつあけてラップをかけ，電子レンジ600Wで5分加熱する。

④ 全体を混ぜて，器に盛る。

17　辣白菜（ラーパイツァイ）

1人分53kcal／塩分0.7g

中華料理の前菜でおなじみの辣白菜は，塩を振ってしんなりさせ，水気を絞り，調味料であえる。一般の調理では約30分かかるが，電子レンジを使えば3分に短縮できる。塩の浸透のための加熱なので，煮る時間の半分で止める。冷蔵庫で1週間は保存できる。

[材料]　2人分

白菜·····································200g
赤唐辛子···························1/2本（0.5g）
塩·····························小さじ1/2（3g）
Ⓐ
┌酢·································大さじ2（30g）
│砂糖·····························大さじ2（18g）
│ラー油·····························小さじ1（4g）
└しょうゆ·······················小さじ1/2（3g）

[作り方]

① 白菜は幅を2等分し，斜め細切りにして耐熱ボウルに入れ，赤唐辛子と塩を振ってざっと混ぜる。

② ふんわりとラップをかけ，電子レンジ600Wで3分加熱。

③ 取り出して粗熱が取れたら，汁気を絞ってボウルにもどし，Ⓐを加えてあえる。

18　白菜のカニあんかけ

1人分49kcal／塩分1.4g

白菜は葉の緑色の部分と芯の切り方を変え，熱が均一に通るようにする。カニは片栗粉をまぶして加え，煮汁にとろみを付ける。

[材料]　2人分

白菜·····································200g
カニ缶·····························小1缶（70g）
片栗粉·····························小さじ1（3g）
水·····························1/2カップ（100mL）
Ⓐ
┌和風だし（顆粒）·············小さじ1/2（2g）
│しょうゆ·························小さじ2（12g）
└酒·································小さじ2（10g）

[作り方]

① 白菜は葉の緑色の部分と白い部分（芯）に切り分け，葉は3〜4cm角に切り，芯は5cm長，幅7〜8mmの細切りにする。

② 耐熱ボウルに水とⒶを合わせ，カニの缶汁も加えて混ぜる。

③ カニの身をほぐして軟骨を除き，片栗粉をまぶして，②に加える。①をのせ，クッキングシートをじかにかぶせ，小皿をのせる。

④ 両端を少しずつあけてラップをかけ，電子レンジ600Wで5分加熱する。取り出して混ぜて味をなじませ，器に盛る。

19　蒸しなす

1人分51kcal／塩分0.5g

　電子レンジ加熱により食材に含まれる水分が水蒸気に変わり，内部温度が70℃以上になると，内部の昇熱が速いのでなすに含まれる褐変反応を起こす酵素（ポリフェノールオキシダーゼ）の働きを止めることができる。なすの皮をむき塩をすり込んだ後，ラップで包んで加熱すれば翡翠色に仕上がる。肉そぼろあんや，刻みザー

サイなどと組み合わせることもできる。

[材料]　2人分

なす	3本（250g）
塩	小さじ1/2（3g）
削り節	小1パック（3g）
おろししょうが	少々（5g）
しょうゆ	小さじ1（6g）

[作り方]

① なすはピーラーで皮をむき，へたを切り落とす。さっと水にくぐらせ，塩を振ってまぶし，3本一緒にラップでぴっちり包む。

② 耐熱容器に①を置き，電子レンジ600Wで5分加熱する。

③ 取り出してラップを外して冷水で冷まし，箸で細長く割いて，長さを半分に切る。器に盛り，削り節をのせ，おろししょうがを添え，しょうゆをかける。

20　ラタトゥイユ

1人分217kcal／塩分1.2g

[材料]　2人分

ズッキーニ	1本（100g）
なす	1本（100g）
赤ピーマン	1個（30g）
ピーマン	1個（30g）
トマト	小1個（50g）
黒オリーブ（種抜き）	5個（25g）
ローリエ	1枚（1g）
塩	小さじ1/2（3g）
こしょう	少々（0.1g）
オリーブオイル	大さじ1（12g）

[作り方]

① ズッキーニとなすは皮をしま状にむき，幅8mmの輪切りに，ピーマン（赤・緑）は種を取り乱切りにする。トマトはへたを取り6個に切る。

② 耐熱ボウルに①の野菜を入れ，黒オリーブ，ローリエ，塩，こしょう，オリーブオイルを加える。

③ クッキングシートをかぶせ，小皿をのせ，両端を少しずつあけてラップをかけ，電子レンジ600Wで10分加熱する。

④ 取り出して，全体を上下に返すようによく混ぜて仕上げ，器に盛る。

21　アスパラガスのおひたし

1人分23kcal／塩分0.4g

　シャキッとした歯ざわりを残したいアスパラガスは，水を加えて通常より時間を短めに加熱する。加熱後，緑色を保つために，冷水に取って色止めをする。たんぱく質を含む緑野菜を，おいしく仕上げるポイントである。さやえんど

う，さやいんげん，スナップえんどう，オクラなどの緑野菜も同様に調理することができる。

[材料] 2人分

　グリーンアスパラガス………………………200g
　削り節……………………小1/2パック（1.5g）
　しょうゆ………………………………小さじ1（6g）

[作り方]

① 　グリーンアスパラガスは根元の硬い皮の部分をピーラーで薄くむき，長さを6等分に切る。

② 　耐熱ボウルに①を入れ，水大さじ2（30mL，分量外）を加える。両端を少しずつあけてラップをかけ，電子レンジ600Wで3分加熱する。

③ 　取り出して冷水に取り，水気を切る。

④ 　器に盛り，削り節をのせ，しょうゆをかける。

22　アスパラガスのソテー

1人分49kcal／塩分0.6g

　アスパラガスはあくが少ないため，下ゆでは不要である。持ち味のうま味，香り，色を生かすように，オリーブオイルと塩で時間を控えめに加熱する。時間が経つと色が黄変するので，できたてを食べること。

[材料] 2人分

　グリーンアスパラガス……………………………200g

Ⓐ
　にんにくのみじん切り…… 1/5かけ分（2g）
　オリーブオイル………………大さじ1（12g）
　塩…………………………………小さじ1/5（1.2g）
　こしょう……………………………少々（0.2g）

[作り方]

① 　アスパラガスは根元から3cmくらいまで，ピーラーで薄く皮をむき，長さを3等分する。

② 　耐熱ボウルにⒶを入れて混ぜ，①のアスパラガスを加えてからめる。

③ 　クッキングシートをかぶせ，小皿をのせ，両端を少しずつあけてラップをかけ，電子レンジ600Wで3分加熱する。

④ 　器に盛り，ボウルに残った汁をかけ，こしょうを振る。

23　グリーンピースの甘煮

1人分65kcal／塩分0.2g

　上品な甘味が口いっぱいに広がる含め煮も，電子レンジの2回加熱でふっくら仕上がる。小出しができてむだなく使える冷凍のグリーンピースが，短時間でおしゃれな副菜となる。

[材料] 2人分

グリーンピース（冷凍）……………………100g
塩…………………………………小さじ1（6g）
水………………………1/2カップ（100mL）
A
┌ 砂糖………………………………大さじ1（9g）
│ 酒…………………………大さじ1/2（7.5g）
└ しょうゆ…………………小さじ1/2（3g）

[作り方]

① 　グリーンピースは冷凍のまま耐熱ボウルに入れ，塩をまぶして水1/2カップ（100mL，分量外）を加える。

② 　クッキングシートをじかにかぶせ，小皿をのせる。両端を少しずつあけてラップをかけ，電子レンジ600Wで3分加熱し，ざるに上げる。

③ 　耐熱ボウルにAを入れて水を注ぎ，②を加える。両端を少しずつあけてラップをかけ，電子レンジで2分加熱する。

④ 　取り出してそのまま冷まし，味を含ませる。

24　ピーマンのじゃこ炒め

1人分64kcal／塩分1.2g

　電子レンジ調理では加熱前に食材に調味料をもみ込むことはしない。加熱後，食材から水分が出てしんなりしたところで全体を混ぜると，まんべんなく味を行き渡らせることができる。炒め物は油分があるため，取り出した後も余熱が効くので，通常3分加熱するところを2分にするなど，時間控えめの加熱でよい。

[材料] 2人分

ピーマン…………………………5個（150g）
ちりめんじゃこ………………大さじ2（8g）
A
┌ おろしにんにく……………小さじ1/2（2g）
│ ごま油………………………小さじ2（8g）
└ しょうゆ……………………小さじ1（6g）

[作り方]

① 　ピーマンは縦半分に切って種を除き，乱切りにする。

② 　ボウルにAを合わせ，ちりめんじゃこを加えてからませる。

③ 　耐熱ボウルに①を入れて②をのせ，両端を少しずつあけてラップをかけ，電子レンジ600Wで2分加熱する。

④ 　取り出して，全体を混ぜる。

25　ポテトサラダ

1人分212kcal／塩分1.4g

　ポテトサラダはできたてが一番おいしい。電子レンジ調理により時間が短縮でき，マヨネーズの量も半分程度で済む。

[材料]　2人分

　じゃが芋……………………………1個（150g）
　玉ねぎ……………………………1/8個分（25g）
　にんじん…………………………………………10g
　塩………………………………小さじ1/5（1.2g）
　酢………………………………………小さじ2（10g）
　マヨネーズ……………………………大さじ1（15g）

[作り方]

① 　じゃが芋はフォークで突いて空気穴をあけ，ポリ袋に入れ，口は閉じずに耐熱容器にのせ，電子レンジ600Wで3分，竹串がスーッと通るようになるまで加熱する。

② 　玉ねぎは2～3cm長の薄切りに，にんじんは2～3cm長のせん切りにし，ボウルに入れ，塩を振ってしんなりするまでもみ，酢をかけてほぐす。

③ 　①のじゃが芋を2つに切って皮を取り，フォークで押さえてつぶす。

④ 　②に③を加え，マヨネーズを加えて混ぜる。

26　さつま芋のヨーグルトあえ

1人分198kcal／塩分1.1g

　さつま芋は糖化酵素（アミラーゼ）をもっており，ゆっくりと加熱すると，酵素が目を覚まし，デンプンを分解して麦芽糖の甘味に変わる。水を加え，60℃の温度帯を時間をかけて通過させる加熱法により，さつま芋の甘味を引き出すことができる。また，あく成分は水に溶け出てすっきりした仕上がりになる。

[材料]　2人分

　さつま芋…………………………200g（正味）
　プレーンヨーグルト………1/2カップ（105g）
　Ａ
　　┌ 砂糖………………………………大さじ2（18g）
　　└ 塩……………………………………少々（0.2g）

[作り方]

① 　さつま芋は皮を厚めにむいて，3cm幅の輪切りにし，水に5分浸して切り口のデンプンを落とす。

② 　耐熱ボウルに①を入れ，水1カップ（200mL，分量外）を注ぐ。クッキングシートをじかにかぶせて小皿をのせ，両端を少しずつあけてラップをかけ，電子レンジ600Wで6分，竹串がスーッと通るまで加熱する。

③ 　取り出して湯を捨て，さつま芋をマッシャーなどでつぶし，ヨーグルトとＡを加えてざっくりと混ぜる。

27　じゃが芋の煮っころがし

1人分79kcal／塩分0.9g

　塩分を含むしょうゆをじゃが芋にからめ，電子レンジ加熱すると，マイクロ波はじゃが芋のまわりのしょうゆに吸収されて，芋の内部の加熱に時間がかかる。さと芋，さつま芋，長芋などの煮物も同様に作る。

[材料]　2人分

じゃが芋……………………………1個（150g）

Ａ

　しょうゆ………………………大さじ1（18g）
　酒………………………………大さじ1（15g）
　砂糖……………………………大さじ1（9g）
　水………………………………大さじ1（15mL）

[作り方]

① じゃが芋は皮をむき，乱切りにする。

② 耐熱ボウルにＡを入れて混ぜ，①を加えてからめる。

③ クッキングシートをかぶせ，小皿をのせ，両端を少しずつあけてラップをかけ，電子レンジ600Ｗで4分加熱する。

④ 全体を上下に返して煮汁をからませ，器に盛る。

28　さと芋のごまみそあえ

1人分147kcal／塩分0.5g

　さと芋の皮をむくときに起こるかゆみのもとは，針状結晶のシュウ酸カルシウムである。これを防ぐため皮付きのまま電子レンジ加熱する。加熱によりシュウ酸カルシウムがデンプン細胞に閉じ込められ，かゆみなしに皮をむくことができる。

[材料]　2人分

さと芋………………………5個（正味400g）

Ａ

　練りごま（白）………………大さじ1（15g）
　みそ……………………小さじ1と1/2（9g）
　砂糖…………………小さじ1と1/2（4.5g）
　水………………………………大さじ1（15mL）

いりごま（白）………………小さじ1/2（1.5g）

[作り方]

① さと芋は洗って皮付きのまま両端を切り落とし，中央に1本切り目を入れる。耐熱皿に並べ，ふんわりとラップをかけ，電子レンジ600Ｗで10分加熱する。

② 竹串を刺してスーッと通るようになっていたら取り出して，熱いうちに皮をむく。

③ ボウルに入れてフォークで粗くつぶす。

④ 別のボウルでＡを合わせ，③に加えて混ぜ，器に盛り，ごまを振る。

29　ピリ辛こんにゃく

1人分22kcal／塩分0.9g

　こんにゃく芋の主成分のマンナンを，炭酸ソーダや石灰などのアルカリ性の物質で固めて作るこんにゃくは，下ゆでをし，から炒りをして，あく成分を除いて調理にかかるが，このあく抜きとから炒りを，電子レンジなら一度に済ませることができる。調味料を加えたら，ラップをかけずに加熱し，カラッとした炒り煮風の仕上がりにする。

［材料］2人分

こんにゃく（黒）………………………1個（250g）

Ⓐ

┌ しょうゆ………………………大さじ1（18g）
│ ごま油……………………………小さじ1（4g）
└ 赤唐辛子……………………………1本（1g）

［作り方］

① 赤唐辛子は2つにちぎって種を出しておく。こんにゃくは縦に4等分に切り，スプーンで一口大にかき取って，キッチンペーパー2枚を敷いた耐熱ボウルに入れ，両端を少しずつあけてラップをかけ，電子レンジ600Wで5分加熱する。

② キッチンペーパーごと取り出す。ボウルの水気を拭いて，こんにゃくだけもどし，Ⓐを加えて混ぜる。

③ ラップをかけずに電子レンジで2分加熱する。

④ 全体を混ぜて，器に盛る。

※冷蔵で4日保存できる。

●ラップのかけ方

　電子レンジ調理では，ラップは容器のふた代わりでもある。ラップの有無やかけ方によって，材料の水分量や容器内の水蒸気の量が調節でき，料理の仕上がりが変わってくる。料理によって，「ラップをかけない」「ぴったりとラップする」「ふんわりとラップする」「両端をあけてラップする」「材料にじかに張り付けるようにラップする」など使い分ける。

　ラップのかけ方の基本は「ふんわりとラップする」である。加熱により生じた水蒸気の圧力で膨らんでも破れにくい。それ以外のラップのかけ方については，例外はあるが，炒る・乾燥させる・吹きこぼれ防止→かけない，蒸す→ぴったりかける，炊く・水分を調節する→両端をあける，落としぶた効果→じかに張り付ける，のように考えてもよい。

ふんわりかける

両端をあける

じかに張り付ける

2. 漬 け 物

　水に塩を溶かして野菜を浸し，マイクロ波を軽く当てれば，浸透力が働いて漬け物が短時間でできる。マイクロ波を当てるのは振動を与えて食材の水分を引き出し，調味料を浸透させるためで，重石の役割も果たしている。また時短調理，少量調理に貢献する。

　食材を温める目的で電子レンジにかけるわけではないので，食材の量が増えても加熱時間は変わらない。

　酢，砂糖，しょうゆなど調味料を変えることで，昔ながらの漬け物を作ることができる。

1　きゅうりのピクルス

全量110kcal／塩分2.0g（漬け汁は除く）

　電子レンジ600Wで30秒，2回加熱することで下漬け，本漬けが完了する。

[材料] 450mL容量の瓶1個分

きゅうり	2本	（200g）
塩	小さじ1/2	（3g）

Ⓐ〈スパイス〉

赤唐辛子	1/2本	（0.5g）
ローリエ	1/4枚	（0.2g）
にんにく	1/4かけ分	（2.5g）
黒粒こしょう	5粒	（0.5g）
シナモン棒	2cm程度	（0.5g）
パセリの茎	5cm程度	（0.5g）

Ⓑ

酢		100mL
水	大さじ2	（30mL）
砂糖	大さじ3	（27g）
塩	小さじ1	（6g）

[作り方]

①　きゅうりは両端を落とし，使用する瓶の高さに合わせて長さを切り揃える。切り落としたきゅうりも一緒に使用する。

②　耐熱ボウルに①を入れ，塩を加えてまぶし，落としぶたのようにラップをじかにかぶせ，電子レンジ600Wで30秒加熱する。

③　瓶に②を移し，切り落としたきゅうりも隙間に詰め，Ⓐのスパイスを隙間に詰める。

④　Ⓑを合わせて，砂糖が溶けるまで混ぜ，瓶の口から1cm下まで注ぐ。

⑤　軽くラップをかけて，電子レンジ600Wで30秒加熱する。

⑥　取り出して，ラップの上からふたをしめる。室温まで冷めたら，漬かっている。

※室温で6か月保存できる。

2 甘酢しょうが

全量71kcal／塩分1.0g (漬け汁は除く)

しょうがは寿司の「ガリ」としてもなじみのある, そのまま食べられる健康食材である。ショウガオールと酢の酢酸が血流をよくし, 体の末端まで酸素や栄養分が供給される。また老廃物の排出（腎臓への受け渡し）も活発になる。体が温まり, 冷え, むくみの解消に貢献する。

[材料] 250mL容量の瓶１個分

しょうが	100g（正味）
酢	50mL
水	大さじ２（30mL）
砂糖	大さじ３（27g）
塩	小さじ1/2（3g）

[作り方]

① しょうがは, 新しょうがであれば皮付きで, ひねしょうがなら皮をむいて薄切りにする。

② 瓶に酢, 水, 砂糖, 塩を入れて混ぜ, 砂糖が溶けたら①を加える。

③ 軽くラップをして電子レンジ600Wに30秒かける。取り出して, ラップの上からふたをきっちりしめる。

④ 30分後からおいしく食べられる。

※冷蔵で１年間保存できる。

3 白菜漬け

全量70kcal／塩分2.0g (漬け汁は除く)

電子レンジで半加熱した白菜に塩を振り, 香辛料をはさんでマイクロ波を軽く当てると, サクサクとした触感の白菜漬けになる。

[材料] 出来上がり350～380g

白菜	500g

Ａ

塩	小さじ２（12g）
赤唐辛子	１本（1g）
昆布（3×5cm）	１枚（3g）*
ゆずの皮	１枚（10g）

[作り方]

① 赤唐辛子は種をとり輪切りに, 昆布は5mm幅の細切りにしておく。

② ポリ袋に白菜を入れ, 電子レンジ庫内に入る直径25～26cmの洋皿にのせ, 袋の口は閉じずに600Wで３分加熱する。

③ ポリ袋より白菜を取り出し, 一番下の葉にＡを混ぜたものを1/5量振り, 次の葉にもＡを振り, を繰り返す。

④ 5mm幅の輪切りにしたゆずの皮をのせてポリ袋に戻し, 耐熱皿にのせ, 袋の口は閉じずに電子レンジで１分加熱する。

⑤ ポリ袋より取り出し, 白菜を両手でぎゅっとにぎって水気を絞る。白い部分は体重をかけて手で繊維をもんで軟らかくするとよい。

⑥ 室温まで冷めたらおいしく漬かっている。

※冷蔵で２週間保存できる。

4　きのこの和風ピクルス

全量54kcal／塩分0.9g（漬け汁は除く）

[材料] 出来上がり約200g

しめじ…………………………1パック（100g）
生しいたけ………………………1袋（120g）
えのきたけ………………………1袋（80g）
Ⓐ〈漬け汁〉
だし汁………………1/2カップ（100mL）
酢………………………………大さじ2（30g）
みりん…………………………大さじ2（36g）
しょうゆ………………………小さじ1（6g）
塩……………………………小さじ1/4（1.5g）
Ⓑ〈スパイス〉
赤唐辛子………………………1/2本（0.5g）
ローリエ………………………1/4枚（0.2g）

[作り方]

① しめじは石突きを取って小房に分け，しいたけは石突きを取って1枚を2〜4つに切り，えのきたけは根元を切って細かくほぐす。

② 中ぐらいの耐熱ボウルにⒶの漬け汁とⒷのスパイスを合わせ，①のきのこを加えてざっと混ぜ，ラップを張り付けるようにかけて，電子レンジ600Wで4分加熱する。

③ 取り出して，ひと混ぜして味をなじませる。

5　千枚漬け

全量83kcal／塩分1.0g（漬け汁は除く）

千枚漬けは，京都特産の聖護院かぶを専用のかんなで平たく薄く切り，塩漬けしてじっくり発酵させ，昆布，米酢，みりんを加えて本漬けにしたもので，特有の粘りと香りがある。

電子レンジの30秒加熱で，砂糖，塩，酢を浸透させて即席漬けを作る。

[材料] 250mL容量の瓶1個分

かぶ*………………………………………200g
Ⓐ
砂糖……………………………大さじ3（27g）
酢………………………………大さじ3（45g）
水………………………………大さじ1（15mL）
塩………………………………小さじ1/2（3g）
昆布（3cm角）………………………2枚（3g）
赤唐辛子（輪切り）…………2〜3個（0.1g）

[作り方]

① かぶは葉を落とし，皮はむかずにスライサーで厚さ2mmの薄切りにする。

② 瓶にⒶを合わせ，砂糖が溶けるまで混ぜ，①を加える。

③ ラップをかぶに貼り付けるようにかけ，電子レンジ600Wで30秒加熱する。

④ 取り出してふたをする。30分後からおいしく食べられる。

＊かぶではなく，大根でもおいしく出来上がる。
※冷蔵で1か月保存できる。

3. 魚介料理

　心臓や肝臓，胃腸などの臓器や筋肉，骨，血液など，体の組織は古くなったものは壊し，新たに作り替えられる。これを新陳代謝というが，主な材料が食事で取るたんぱく質である。人体を構成する約10万種のたんぱく質は，肉，魚，大豆製品を1：1：1の割合で取ると，効率よく合成できるといわれている。

　魚は必須アミノ酸のひとつであるロイシンの含有量が多く，マグロ，カツオ，ヒラメ，カジキ，アジ，タイ，ブリ，サワラ，サバ，イワシ，エビなど生魚のみならず，ツナ缶などの缶詰や削り節，ちりめんじゃこにも多く含まれる。ロイシンは筋たんぱく合成を促し，ロコモティブ症候群（運動器症候群）を予防する。

　このほか魚には，n-3系不飽和脂肪酸のIPA（イコサペンタエン酸）やDHA（ドコサヘキサエン酸）が多く含まれる。IPAは中性脂肪を減少させ，抗血栓作用があり，脳血管障害等を予防する働きをもつ。DHAは神経細胞の活性化に関わり，認知症予防に有用だといわれている。

　本節では電子レンジを用いて，皮がはじけやすいサバ，イワシ，アジを加熱する方法，イカをふっくら軟らかく煮る方法，中華料理につきもののエビの油通しを行う方法を各レシピで展開する。

1　サバのみそ煮

1人分218kcal／塩分0.9g

　電子レンジで煮ると内部から加熱が行われるため，魚の身に先に火が通り，揮発性の臭み成分（トリメチルアミン）が外部に出にくい。

[材料] 2人分

サバ……………………………2切れ（140g）
ピーマン……………………………2個（60g）
Ⓐ
「みそ…………………………大さじ1（18g）

しょうゆ…………………………大さじ1（18g）
砂糖…………………………………大さじ2（18g）
酒…………………………………大さじ2（30g）

[作り方]
① サバは中骨がついていれば外し，はじけ防止に，皮に縦に1本切り目を入れる*。
② ピーマンは1個を2つに切り，種を除く。
③ 耐熱容器にⒶを入れて混ぜ，①の皮を上にして置き，スプーンでⒶの調味液をすくってかけ，②をのせる。
④ 両端を少しずつあけてラップをかけ，電子レンジ600Wで3分加熱する。
⑤ 器にサバとピーマンを盛り，煮汁をかける。

＊サバの皮に切れ目を入れると，電子レンジで加熱したとき内部にたまった蒸気を外に逃がし，皮がはじけて飛び散るのを防止する。

2　アジの梅煮

1人分91kcal／塩分0.9g

　梅干し（クエン酸）に酢を加えて加熱すると，トリメチルアミンが中和され臭みが軽減する。

　10世紀に編まれた「延喜式」や「倭名類聚抄」にも，アジは「阿遅」の字で記載されている。古くから日本人の生活と関わりの深い魚「アジ」は，家庭で食べる魚介類ランキングにおいて常に上位にあり，程よく脂ののった味が四季を通じて好まれている。

[材料] 2人分

アジ（3枚おろし）	小4枚（120g）
A	
しょうゆ	大さじ1（18g）
砂糖	大さじ1（9g）
酢	大さじ1（15g）
梅干し	2個（20g）
ラディッシュ	4個（薄切り）

[作り方]
① アジは皮にはじけ防止の×の形に切り目を入れる。
② 耐熱ボウルにAを合わせ，①を加えて全体にまぶし，皮を上にして置き，梅干しをのせる。
③ 両端を少しずつあけてラップをし，電子レンジ600Wで3分加熱する。
④ 器にアジを盛り，梅干しをのせ，煮汁をかけ，ラディッシュを添える。

3　イワシのしょうが煮

1人分188kcal／塩分1.5g

　イワシは，不飽和脂肪酸のIPAや，タウリンをはじめとするアミノ酸を豊富に含み，生活習慣病の予防・改善などで注目を浴びている。

　しょうがに含まれる辛み成分，ジンゲロールとショウガオールは殺菌効果とともに消臭効果があり，イワシ特有の臭みをマスキングする。

[材料] 2人分

イワシ	中4尾（正味240g）
A	
しょうゆ	大さじ2（36g）
砂糖	大さじ2（18g）
酢	大さじ2（30g）
しょうが	1かけ（20g）

[作り方]
① イワシは頭と内臓を取り除き，はじけ防止に，盛りつけたとき表になるほうの皮に×の形に切り目を入れる。
② 耐熱ボウルにAを合わせ，①を加えて全体に尾の先までまぶし，切り目を入れたほうを上にして置き，しょうがをのせる。
③ 両端を少しずつあけてラップをし，電子レンジ600Wで5分加熱する。
④ 器にイワシを盛り，せん切りにしたしょうがをのせ，煮汁をかける。

4　タイの煮付け

1人分115kcal／塩分0.8g

　タイは祝いの席になくてはならない，日本の代表的な魚である。姿も色もよい上に，生臭さがなく，あっさりと上品な味をしている。電子レンジによるタイの煮付けでは，臭み消しの酢やしょうがは不要で，しょうゆ，砂糖，酒と一緒に加熱するだけで済む。加熱時間は，100gにつき，600Wで2分を目安にする。

[材料]　2人分

タイ＊（3枚おろし）……………2切れ（140g）

Ⓐ

　┌しょうゆ………………………大さじ1（18g）

　｜砂糖……………………………大さじ1（9g）

　└酒………………………………大さじ1（15g）

木の芽………………………………………2枚

[作り方]

①　タイは盛りつけたとき表になるほうの皮の中央に縦に1本はじけ防止の切り目を入れる。

②　耐熱ボウルにⒶを合わせ，①を入れてまぶし，皮を上にして置く。

③　両端を少しずつあけてラップをし，電子レンジ600Wで3分加熱する。

④　器にタイを置き，煮汁をかけ，木の芽をのせる。

＊タイのほかに，白身魚のタラ，スズキ，ヒラメ，カレイなども同様に。

5　ブリ大根

1人分280kcal／塩分2.0g

　ブリを加熱し，うま味の出た煮汁で大根を加熱する。ブリは濃い味，大根は薄味に仕上がる。

[材料]　2人分

ブリ（切り身）＊………………2切れ（140g）

しょうが（皮付き薄切り）……………4〜5枚

Ⓐ

　┌しょうゆ………………………大さじ4（72g）

　｜砂糖……………………………大さじ4（36g）

　└酒………………………………大さじ4（60g）

大根………………………………400g（乱切り）

パセリ…………………………………………少々

[作り方]

①　耐熱ボウルにⒶを合わせ，切り身を3つに切ったブリとしょうがを加える。

②　両端を少しずつあけてラップをし，電子レンジ600Wで3分加熱する。

③　ブリを取り出し，煮汁に大根を加える。

④　落としぶた代わりにクッキングシートと小皿を置き，両端を少しずつあけてラップをし，電子レンジ600Wで10分加熱する。

⑤　取り出して，ブリを戻し，冷めるまでおき，味を含ませる。

⑥　器にブリと大根を盛り，煮汁をかけ，パセリを添える。

＊ブリをハマチやサバに代えてもよい。

6　カジキのトマト煮込み

1人分204kcal／塩分0.9g

トマト煮込みはイタリア・シチリア料理の定番である。皮が付いていない切り身では，はじけ防止の切り目は入れなくてよい。

[材料] 2人分

カジキ*	2切れ	(200g)
トマト	大1個	(200g)
赤ピーマン	2個	(60g)

Ⓐ

おろし玉ねぎ	大さじ4	(40g)
酢	大さじ2	(30g)
サラダ油	大さじ2	(24g)
塩	小さじ1/2	(3g)
黒こしょう	少々	(0.2g)
ローズマリー	2本	

[作り方]

① カジキはキッチンペーパーに挟み水気を取る。

② 耐熱ボウルにⒶを合わせ，①を加え，トマト（へたを除き，1.5cm角切り），赤ピーマン（へたと種を除き，1cm角切り）をまわりに置く。

③ 両端を少しずつあけてラップをし，電子レンジ600Wで6分加熱する。

④ 器にカジキを盛り，トマトと赤ピーマンをのせ，煮汁をかけ，ローズマリー1本分の葉を散らし，もう1本を添える。

＊マグロ，サケ，タイなどを使ってもよい。

7　エビチリ

1人分166kcal／塩分1.2g

中国料理の「油通し」の代わりに，エビに水を加えて加熱する「湯通し」で臭みを除く。

[材料] 2人分

無頭エビ	20尾	(200g)
長ねぎ（白いところ）	20cm分	(50g)

Ⓐ

おろしにんにく	小さじ1/2	(2g)
トマトケチャップ	大さじ6	(90g)
水	大さじ2	(30mL)
酒	大さじ1	(15g)
片栗粉	小さじ1/2	(1.5g)
ごま油	小さじ2	(8g)
豆板醤	小さじ1/2	(3g)
きゅうり	1本	(乱切り)

[作り方]

① エビは殻に切り目を入れ背わたを除き，足は落とす。長ねぎは幅1cmの斜め切りにする。

② 耐熱ボウルにエビを入れ，水1カップ（200mL，分量外）を加え，両端を少しずつあけてラップをし，電子レンジ600Wで2分加熱し，ざるへ上げる。

③ 耐熱ボウルにⒶを合わせ，エビと長ねぎを加える。両端を少しずつあけてラップをし，電子レンジ600Wで4分加熱する。

④ 器に盛り，きゅうりを添える。

8 エビマヨ

1人分178kcal／塩分0.7g

　中華の名匠，故・周富徳氏考案の名品。エビは揚げずに，電子レンジ加熱のみで仕上げる。

[材料] 2人分

無頭エビ……………………20尾（200g）

Ⓐ

「長ねぎ（白いところ）*………10cm分（25g）

マヨネーズ………………大さじ4（48g）

砂糖……………………………小さじ2（6g）

おろしにんにく…………小さじ1/2（2g）

ごま油…………………………小さじ1（4g）

イタリアンパセリ（またはパセリ）………3本

[作り方]

①　エビは殻をむき，背わたを除く。

②　耐熱ボウルに①を入れ，水1カップ（200mL，分量外）を加え，両端を少しずつあけてラップをし，電子レンジ600Wで2分加熱し，ざるへ上げ，キッチンペーパーに挟んで水気を除く。

③　耐熱ボウルにⒶを入れ，②を加え，ラップをして電子レンジ600Wで2分加熱する。

④　3cm長に切ったイタリアンパセリを加えて混ぜ，器に盛る。

＊長ねぎはみじん切りにしておく。

9 イカ下足艶煮

1人分97kcal／塩分1.2g

　イカの下足は5～6cm長に切るので，はじけ防止の切り目は入れなくてよい。

　イカは低エネルギー，高たんぱく質で，悪玉コレステロール排出効果のあるタウリンを豊富に含み，血栓症の予防効果もある食材である。

[材料] 2人分

イカ下足………………………………200g

Ⓐ

「しょうゆ………………………大さじ1（18g）

砂糖……………………………大さじ1（9g）

Ⓑ

「片栗粉…………………………小さじ1/2（1.5g）

水………………………………小さじ1（5mL）

かぼす（輪切り）……………………………1枚

[作り方]

①　イカ下足は2～3本ずつ切りはなし，長いときは5～6cm長に切る。

②　耐熱ボウルにⒶを合わせ，①を加えてからめ，両端を少しずつあけてラップをし，電子レンジ600Wで3分加熱する。

③　取り出してすぐ，Ⓑを溶いて煮汁に加えて混ぜ，余熱でとろみを付ける。

④　器に盛り，かぼすの輪切りを添える。

10　アサリの酒蒸し

1人分26kcal／塩分1.3g

アサリの語源は，「漁る（あさる）」が由来であるといわれ，最も手軽にとれる貝である。貝類特有の成分コハク酸を多く含み，うま味も濃い。一年中出回っているが，身の太っている冬から4月までが旬といえる。塩分濃度約3％の海水中に生息しているので，酒蒸しにする際，調味料は不要である。

[材料] 2人分
アサリ（砂抜き済み）……………………200g＊
酒…………………………………大さじ1（15g）
レモン（くし形切り）………………………1個

[作り方]

① アサリはボウルに張った水の中で，殻同士をこすり合わせて洗い，ざるへ上げる。

② 耐熱ボウルに入れ，酒を回しかけ，両端を少しずつあけてラップをし，電子レンジ600Wで30〜40秒加熱する。

③ 貝の口が全部開いたら取り出す。口が開いていない貝は耐熱ボウルに戻し，30秒〜1分加熱する。

④ 器に盛り，くし形のレモンを添える。

＊アサリは殻の重量が約35％を占めるため，200gのアサリの身の重量は130gとなる。アサリの代わりにシジミで作ってもよい。

11　タコのタパス

1人分81kcal／塩分0.3g

ガーリックオイル（アーリオ・オーリオ・ペペロンチーノ）も，ポイントを押さえれば電子レンジで簡単にできる。

[材料] 2人分
ゆでダコの足………………… 小2本（100g）
Ａ〈ガーリックオイル〉
にんにく……………………1かけ分（10g）
オリーブオイル……………大さじ1（12g）
赤唐辛子………………………………1本（1g）
バジルの葉…………………4〜5枚（1〜2g）＊
レモン（くし形切り）…………………… 1切れ

[作り方]

① Ａで使う赤唐辛子はキッチンばさみで頭のほうを切り落とし，竹串で種を取り出し，2つに切る。にんにくはみじん切りにする。

② タコは幅1cmのぶつ切りにする。バジルの葉は一口大にちぎる。

③ 耐熱ボウルにＡのガーリックオイルを入れ，両端を少しずつあけてラップをし，電子レンジ600Wで2分加熱する。

④ にんにくがうっすらきつね色になり始めたらすぐボウルを取り出し，ゆすって油の熱を全体に回し，タコとバジルを加えて混ぜる。器に盛り，レモンを添える。

＊バジルの葉の代わりに青じそ2枚でもよい。

4．肉　料　理

　人間は安静にしていても「呼吸する」「体温を保つ」「肺や心臓などの臓器を動かす」など，生命維持のためにエネルギーを消費している。この必要最小限のエネルギー代謝量を「基礎代謝量」という。基礎代謝量には個人差があるが，その差は体を構成している筋肉の量の多寡による。筋肉は自らが動き，エネルギーを消費するためである。

　筋肉はそのほとんどがたんぱく質でできているが，たんぱく質はあらゆる生物にとって，体を構成するために必要不可欠な物質であり，人体内で作られる酵素やホルモン，血液などにも関与している。例えば，呼吸で得た酸素を取り込む血色素（ヘモグロビン）や，食事で取り入れた栄養成分を運ぶ血管もたんぱく質である。

　たんぱく質は脂質，糖質と並ぶエネルギー産生栄養素のひとつであり，十分に摂取することで，健康な体が維持されるといえる。日本人成人のたんぱく質摂取量は体重1kg当たり1gとされてきたが，近年研究が進み，フレイル（虚弱）にならないためには1.5～1.6gが適量であるとされるようになった。といっても，たんぱく質は米や麺，パン，野菜などからも取っている。1日3回食事をするとして，1回当たり卵1個と納豆1パックというように，100gのたんぱく質食材を食べることが推奨されている。

1　鶏のから揚げ　　　　　　　　　　　　　　　　　　　鶏肉

1人分356kcal／塩分1.0g

　たれをからめて油を塗り電子レンジで加熱したソフトから揚げは，一般的な調理よりも軟らかく仕上がる。エネルギーも抑えられるので，ダイエット食にも使える。

[材料]　2人分

鶏もも肉……………………………………300g

Ⓐ〈たれ〉

「しょうゆ………………大さじ1（18g）

砂糖………………………大さじ1（9g）

酒…………………………大さじ1（15g）

おろしにんにく…………小さじ1/2（2g）

片栗粉……………………大さじ2（18g）

サラダ油…………………小さじ1（4g）

クレソン………………………………適量

[作り方]

①　鶏肉は10～12個に切ってポリ袋に入れ，Ⓐのたれを加えて袋の外からもみ込む。口を閉じて5分ほどおき，下味を付ける。

②　袋から出して1個ずつ片栗粉をまぶす。

③　クッキングシートを敷いた耐熱皿に，鶏肉の皮を下にして（はじけ防止）ドーナツ状に並べ，サラダ油を少しずつかけてスプーンの背でなでて表面に広げる。

④　庫内に小皿を置き，③の皿をラップはかけずにのせ，電子レンジ600Wで6分加熱する。取り出して，皮を表に返して空気に触れさせて艶を出し，器に盛り，クレソンを添える。

2　鶏の照り焼き

鶏肉

1人分229kcal／塩分1.2g

　電子レンジでは焼き油を使わない。また，加熱により鶏肉の脂肪が約30％ほど溶け出て，摂取エネルギーも抑えられる。

[材料] 2人分

鶏もも肉…………………………………200g

Ａ

「しょうゆ……………大さじ1と1/2（27g）

砂糖…………………………大さじ1（9g）

おろししょうが……………小さじ1/2（2g）

ごま油………………………小さじ1/2（2g）

片栗粉………………………小さじ1/2（1.5g）

トマト………………………………小1個（50g）

クレソン………………………………………適量

[作り方]

① 鶏肉はフォークで全体を突く。

② 鶏肉がちょうど入る大きさの耐熱皿（直径15cm）にＡを入れて混ぜ，鶏肉を加えて両面にからめ，皮を下にして置き（はじけ防止），両端を少しずつあけてラップをかける。

③ 加熱むらを防ぐために，電子レンジ庫内に小皿（耐熱，直径10～12cm）を置き，②をのせ，電子レンジ600Wで4分加熱する。

④ 取り出して，溶け出た脂を捨てる。ひと口大に切って器に盛り，たれを塗り，ざく切りしたトマトとクレソンを添える。

3　棒々鶏（バンバンジー）

鶏肉

1人分132kcal／塩分0.7g

　鶏むね肉はイミダゾールジペプチドの含有量が肉，魚の中で最も多く，疲労回復，筋肉強化に効果を発揮する。

[材料] 2人分

鶏むね肉（皮なし）……………………100g

塩，こしょう………………………………各少々

酒……………………………………小さじ1（5g）

貝割れ菜………………………1パック（40g）

Ａ

「練りごま…………………………大さじ1（15g）

砂糖…………………………大さじ1（9g）

ごま油………………………大さじ1（12g）

しょうゆ……………………小さじ2（12g）

豆板醤………………………小さじ1/2（3g）

酢……………………………小さじ1（5g）

いりごま（白）………………………………少々

[作り方]

① 鶏むね肉は厚い部分を包丁で開き，耐熱皿にのせ，塩，こしょうを振り，酒をかける。

② ①にふんわりとラップをかけ，電子レンジ600Wで2分加熱する。

③ 麺棒でたたいてほぐし，細く割き，耐熱皿にもどし，蒸し汁をまぶす。

④ 器に蒸し鶏と根を切り落とした貝割れ菜を盛り，Ａを合わせてかけ，いりごまを振る。

4 焼き豚（チャーシュー）　　　　　　　豚肉

1人分206kcal／塩分1.4g

　豚肉の表面のたれにマイクロ波が集中的に当たり，焦げ目が付く。その分，内部加熱の時間は余分にかかる。

［材料］ 2人分

　豚肩ロースかたまり肉……………………200g

Ⓐ〈たれ〉

　おろししょうが……………小さじ1（4g）

　みそ……………………………大さじ1（18g）

　砂糖……………………………大さじ1（9g）

　しょうゆ………………………大さじ1（18g）

　豆板醤…………………………小さじ1／2（3g）

万能ねぎ……………………………………2本

［作り方］

① 万能ねぎは斜めせん切りにする。

② ボウルにⒶを合わせ，豚肉を入れてからませ，途中で上下を返し，10分おく。

③ 耐熱皿にクッキングシートを敷き，②の豚肉をのせ，ラップをかけずに電子レンジ600Wで2分加熱する。取り出して肉の上下を返し，ボウルに残っているたれを塗って電子レンジにもどし，4分加熱する。

④ そのまま庫内に5分ほど留めおいて蒸らし，取り出して幅5mmに切る。

⑤ 器に①を敷き，焼き豚を上に盛る。

5 回鍋肉（ホイコーロー）　　　　　　　豚肉

1人分289kcal／塩分1.2g

　ピリ辛のこってりだれがおいしい中国の炒め物である。電子レンジ調理では肉だけに味を付ける。こうすることで肉はふわっと軟らかく，野菜はしゃきっと仕上がる。

［材料］ 2人分

　豚ばら薄切り肉……………………………100g

キャベツ………………………………1／4個（300g）

Ⓐ

　みそ……………………………大さじ2（36g）

　酒………………………………大さじ2（30g）

　砂糖……………………………大さじ2（18g）

　おろしにんにく………………小さじ1／2（2g）

　豆板醤…………………………小さじ1／2（3g）

　片栗粉…………………………小さじ1（3g）

　ごま油…………………………小さじ1（4g）

［作り方］

① キャベツは一口大にちぎる。豚肉は3cm長に切る。

② 耐熱ボウルにⒶを入れて混ぜ，豚肉を加えてからめ，キャベツを加える。

③ クッキングシートをかぶせ，小皿をのせ，ラップをして電子レンジ600Wで8分加熱。

④ 取り出して全体を混ぜ，器に盛る。

6　酢　豚　　　　　　　　　　　　　　豚肉

1人分253kcal／塩分1.0g

[材料]　2人分

豚ロース肉（トンカツ用）…………1枚（100g）
塩…………………………………少々（0.2g）
こしょう…………………………少々（0.05g）
Ａ
┌ 天ぷら粉……………………大さじ3（27g）
└ 水……………………………大さじ3（45mL）
サラダ油………………………大さじ2（24g）
玉ねぎ，長ねぎ………………………各30g
赤パプリカ，ピーマン………………各30g

にんじん………………………………………30g
パイナップル（缶詰）……………1切れ（80g）
Ｂ
┌ トマトケチャップ…………大さじ1（15g）
│ 酢……………………………大さじ1（15g）
│ しょうゆ……………………大さじ1（18g）
│ パイナップルの缶汁………大さじ1（15g）
└ 豆板醤………………………小さじ1/4（1.5g）

[作り方]

① 玉ねぎは2cm角に切り，長ねぎは1.5cm幅のぶつ切りに，赤パプリカ，ピーマンは乱切りにし，にんじんは5mm幅の輪切りにする。耐熱ボウルに入れ，ラップをかけて電子レンジ600Wで3分加熱する*。

② 豚肉は2cm角に切り，塩，こしょうしてＡを加えてからめ，フライパンにサラダ油を熱して加え，強火で両面カリッとするまで揚げ焼きにする。

③ ①，パイナップル（4個に切る），Ｂを加え，とろみが付くまで煮て，火を止める。

＊②，③で加熱するため半加熱となる。

7　牛肉のたたき　　　　　　　　　　　牛肉

1人分151kcal／塩分0.6g

[材料]　4人分

牛ももかたまり肉………………………300g
Ａ
┌ 塩……………………………小さじ2/3（4g）

│ 黒こしょう…………………少々（0.05g）
│ おろしにんにく……………小さじ1（4g）
└ サラダ油……………………小さじ1（4g）

[作り方]

① 牛肉は30分ほど室温においてもどし，焼く直前にキッチンペーパーで水分を取る。肉の表面にＡを塗り，耐熱皿にのせる。

② ラップをかけずに電子レンジ600Wで2分加熱する。取り出して，余分な肉汁をキッチンペーパーで拭き取り，肉の上下を返して，再び電子レンジで2分加熱する。

③ ボウルに氷を入れ，牛肉をのせて冷まし，粗熱が取れたら，5〜6mm厚に切る。

④ 器に盛り，好みでわさびとしょうゆ（分量外）を添える。

8 牛肉のしぐれ煮 牛肉

1人分226kcal／塩分1.4g

　甘辛いたれで牛肉を煮含める。一度加熱し，火が通ったらラップを外して再加熱する。汁を煮つめて佃煮風に仕上げ，保存性も高める。

[材料] 2人分

牛ロース薄切り肉*……………………200g
しょうが（皮付き薄切り）………… 5〜6枚

A
[しょうゆ……………………大さじ1（18g）
　砂糖……………………………大さじ1（9g）
　酒………………………………大さじ1（15g）]

[作り方]

① 牛肉は3cm幅に切る。

② 耐熱ボウルにAを合わせ，①としょうがを加えてよく混ぜる。クッキングシートをじかにかぶせ，小皿をのせる。両端を少しずつあけてボウルにラップをかけ，電子レンジ600Wで2分加熱する。

③ ラップと小皿，クッキングシートを取り，今度はラップをかけずに電子レンジ600Wで2分加熱し，汁気を煮詰め，よく混ぜる。

＊豚薄切り肉，鶏小間切れ肉，牛・豚・鶏のひき肉，合いびき肉でも同様に作ることができる。

9 肉じゃが 牛肉

1人分235kcal／塩分1.4g

　調味料と一緒に加熱しただけで，じゃが芋に味がしっかりしみ込む。電子レンジ煮物の特徴といえる。

[材料] 2人分

じゃが芋………………………大1個（200g）
にんじん……………………………………50g
玉ねぎ……………………………1/2個（100g）
グリーンピース（水煮）………大さじ2（20g）

牛薄切り肉………………………………100g

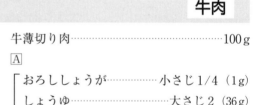

A
[おろししょうが…………小さじ1/4（1g）
　しょうゆ……………………大さじ2（36g）
　砂糖……………………………大さじ2（18g）
　酒………………………………大さじ2（30g）]

[作り方]

① じゃが芋は乱切り，にんじんは5mm厚の輪切り，玉ねぎは幅1cmのくし形切りにする。耐熱ボウルに入れ，グリーンピースを加える。

② 牛肉は5cm長に切り，Aを加えてからめ，①の野菜の上に平らに広げてのせる。

③ クッキングシートをかぶせ，小皿をのせて落としぶた代わりにし，両端を少しずつあけてラップをかける。電子レンジ600Wで12分加熱し，じゃが芋に竹串がスーッと通ったら，取り出して全体を混ぜる。

10 青椒肉絲（チンジャオロースー）　　牛肉

1人分150kcal／塩分1.5g

　牛肉とピーマン（パプリカ）をオイスターソースで炒める。パプリカは牛肉とからめずに加熱し，最後に混ぜる。

[材料] 2人分

赤パプリカ……………………1/2個（80g）
黄パプリカ……………………1/2個（80g）
牛もも薄切り肉…………………………100g

A
┌ オイスターソース…………大さじ2（36g）
│ 砂糖………………………………小さじ1（3g）
│ ごま油……………………………小さじ1（4g）
│ 片栗粉……………………………小さじ1（3g）
│ 水……………………………小さじ2（10mL）
│ おろしにんにく…………………小さじ1/2（2g）
└ 赤唐辛子…………………………………1本*

[作り方]

① パプリカはへたと種を除き，1.5cm幅の短冊切りにする。

② 牛肉は5cm長に切ってから，繊維に沿って1cm幅に切る。

③ 耐熱ボウルにAを合わせ，②を加えてからめ，①をのせる。

④ ふんわりとラップをかけ，電子レンジ600Wで5分加熱。取り出して混ぜる。

＊赤唐辛子は，2つにちぎって種を除いておく。

11 肉豆腐　　牛肉

1人分270kcal／塩分1.8g

　火が通りにくい牛肉はボウルの縁のほうに置いて生煮えを防止する。動物性たんぱく質と植物性たんぱく質が同時に摂れる。

[材料] 2人分

牛もも薄切り肉……………………………100g
長ねぎ……………………………1本（100g）
木綿豆腐……………………………………300g

A
┌ しょうゆ……………………大さじ2（36g）
│ 砂糖………………………………大さじ2（18g）
│ 酒…………………………………大さじ2（30g）
└ おろししょうが………………………少々（2g）

[作り方]

① 牛肉は5cm長に切る。長ねぎは白い部分は7～8mm厚の斜め切り，緑色の部分は斜め薄切りにする。豆腐は2等分する。

② 耐熱ボウルの中央に豆腐を置き，牛肉にAをからめ，豆腐のまわりにぐるりと並べ，Aが余れば上からかける。豆腐の上に長ねぎの白い部分をのせ，両端を少しずつあけてラップをかける。

③ 電子レンジに②を入れ，600Wで10分加熱する。

④ 器に豆腐を盛り，肉や長ねぎをのせ，長ねぎの緑色の部分とおろししょうがを添える。

12　麻婆なす　　　　　　　　　　　　　　豚ひき肉

1人分137kcal／塩分1.5g

　油を吸ってしまうなすを，電子レンジを使って簡単にヘルシーに調理する。

[材料] 2人分

なす……………………………………300 g
豚ひき肉………………………………100 g

Ⓐ
┌ おろししょうが…………小さじ1/2 （2g）
│ 豆板醤…………………………小さじ1/2 （3g）
│ サラダ油………………………小さじ2 （8g）
│ しょうゆ………………………大さじ2 （36g）
│ 砂糖……………………………大さじ2 （18g）
└ 片栗粉…………………………小さじ2 （6g）
熱湯……………………………1/2カップ（100mL）

[作り方]

①　なすはへたを落とし，4〜5cm長の乱切りにする。耐熱ボウルに入れ，クッキングシートをかぶせ，小皿をのせ，両端を少しずつあけてラップをかけ，電子レンジ600Wで6分加熱する。

②　ボウルにⒶを入れ，熱湯を加えて混ぜ，豚ひき肉を加え，ほぐしながら混ぜる。

③　①に②をかけ，両端を少しずつあけてラップをし，電子レンジ600Wで3分加熱する。

④　取り出して全体を混ぜ，器に盛る。

13　しいたけの肉詰め　　　　　　　　　　豚ひき肉

1人分167kcal／塩分1.0g

[材料] 2人分

生しいたけ……………………8枚 （120g）
豚ひき肉………………………………100 g

Ⓐ
┌ 長ねぎ（みじん切り）…………10cm分（25g）
│ おろししょうが…………小さじ1/4 （1g）
│ 片栗粉……………………小さじ1 （3g）
│ 塩…………………………小さじ1/5 （1.2g）
└ こしょう…………………少々 （0.2g）
いりごま（白）…………………少々 （0.2g）

Ⓑ 〈たれ〉
┌ しょうゆ…………………小さじ1 （6g）
│ 砂糖………………………小さじ1 （3g）
└ みりん……………………小さじ1 （6g）

[作り方]

①　しいたけは石突きを落とし，軸は外し，みじん切りにする。

②　ボウルにしいたけの軸とⒶ，豚ひき肉を加え，ざっと混ぜ，8等分して丸める。

③　しいたけのかさの内側に②をのせ，スプーンの背で表面を丸くなめらかにし，ごまをまぶす。

④　耐熱皿に③を並べ，ふんわりとラップをして，電子レンジ600Wで5分加熱する。

⑤　器に盛り，Ⓑのたれをかける。

14　鶏団子のクリームシチュー　　鶏ひき肉

1人分350kcal／塩分0.5g

[材料] 2人分

玉ねぎ……………………………1個（200g）
にんじん………………………1本（150g）
Ａ
　┌鶏ひき肉…………………………100g
　│塩，こしょう……………各少々（各0.2g）
　└片栗粉…………………………小さじ1（3g）
牛乳……………………………300mL
バター………………………………大さじ2

強力粉………………………大さじ1と1/2
塩………………………………少々（0.2g）
こしょう……………………少々（0.05g）
パセリ（みじん切り）……………小さじ1

[作り方]

① 玉ねぎの1/4量はみじん切りにし，残りはくし形に切る。にんじんは大さじ1程度すりおろし，残りは1.5×3cmの拍子木に切る。

② ボウルにＡと①の玉ねぎみじん切り，おろしにんじんを入れて混ぜ，10個の団子に丸める。

③ 耐熱ボウルにくし形切りの玉ねぎ，拍子木切りのにんじんを入れ，②をのせ，両端を少しずつあけてラップをかけ，電子レンジ600Wで8分加熱する。

④ 別の耐熱ボウルに強力粉を入れ，バターをのせ，電子レンジで1分加熱する。取り出して混ぜ，牛乳を加えてのばし，塩，こしょうする。

⑤ ③に④を加え，電子レンジで4分加熱し，パセリを振る。

15　煮込みハンバーグ　　合いびき肉

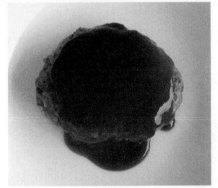

1人分343kcal／塩分2.3g

ハンバーグをジューシーに仕上げるために，合いびき肉は他の材料となじむ程度に混ぜる。

[材料] 2人分

合いびき肉…………………………200g
Ａ
　┌卵………………………………1個（50g）

　│パン粉……………………………大さじ3
　│塩……………………………小さじ1/3（2g）
　└こしょう……………………………少々（0.2g）
Ｂ〈ソース〉
　┌トマトケチャップ…………大さじ2（30g）
　│ウスターソース……………大さじ1（18g）
　└水……………………………大さじ2（30mL）

[作り方]

① ボウルにＡと合いびき肉を入れて混ぜ，2等分し，サラダ油を付けた手でハンバーグ形にまとめる。

② 耐熱ボウルにＢを入れて混ぜ，①を並べ，スプーンでソースをすくい上からもかける。

③ 両端を少しずつあけてラップをかけ，電子レンジ600Wで5分加熱する。

④ 器に盛り，ボウルに残ったソースをかける。

16 ミートローフ　　　　　　　　　　　　合いびき肉

1人分253kcal／塩分1.1g

横8.5×長さ14×深さ5.5cmのローフ型1本分のミートローフを作る。

[材料] 4人分

合いびき肉……………………………200g
Ａ
┌ パン粉…………………………… 1/4カップ
│ 牛乳………………………… 大さじ2（32g）
└ 卵…………………………… 1個（50g）
┌ 塩…………………… 小さじ1/2（3g）
└ こしょう……………………… 少々（0.2g）
ベーコン（薄切り）………… 3枚（60g）
ウインナーソーセージ…………………… 4本
クレソン…………………………………適量

[作り方]

① ボウルにひき肉とＡの材料を入れて，まとまる程度に軽く混ぜ合わせる。
② サラダ油（分量外）を薄く塗った型にベーコンを敷き詰め，余分は縁にはみ出させる。
③ ①の生地の半量を②の型に入れて平らにならし，ソーセージを埋め込むように置き，残りの生地を入れる。はみ出ているベーコンを内側に返してかぶせ，小皿を2枚のせ，両端をあけてラップをする。
④ 電子レンジ庫内に小皿を置いて③をのせ，600Wで10分加熱する。
⑤ 取り出して食べやすく切り分けて器に盛り，クレソンを添える。

●食材に味をしみ込ませる

ブリ大根，肉じゃが，回鍋肉など味をしっかりと付けたい料理では，クッキングシートと小皿を使う。耐熱容器内の材料にじかにクッキングシートをかぶせ，その上に小皿をのせて落としぶた代わりにすると，味がよくしみ込む。

小皿　　クッキングシート

●加熱中の破裂（はじけ）を防ぐ

イワシのしょうが煮，鶏の照り焼きなど皮や膜がある食材を使う料理では，加熱により生じる水蒸気で破裂しないように，皮や膜に穴をあける，あるいは切り目を入れるといった下処理を行う。

斜めに1本，あるいは
×の形に切り目を入れる

フォークなどで
穴をあける

5. 卵 料 理

　卵はコレステロールを多く含む代表的な食品であり，これまでは「1日1個まで」と制限することが常識とされていた。しかし健康な人であれば，コレステロール摂取量が多いと体内でのコレステロール合成は減少し，摂取量が少ないと体内での合成は増加するため，血中コレステロール値はほぼ一定に保たれている。ただし，過剰摂取には十分注意する必要がある。

　卵黄にはレシチンやコリンが含まれている。レシチンには，HDL（善玉）コレステロールを増やす働きがあり，その結果LDL（悪玉）コレステロールが減少する。また余分なコレステロールが血管に沈着するのを防ぎ，血中コレステロール値のコントロールにも関わっている。コリンは，神経伝達物質の形成に必要な栄養素で，脳の認知機能低下を防ぐ働きがある。認知症予防のためは1日に卵2個の摂取が望ましいといわれている。

　本節では，卵料理として茶わん蒸し，ゆで卵，温泉卵の電子レンジ調理の手順とポイントを紹介する。

1　茶わん蒸し

1人分100kcal／塩分1.2g

　卵液は60〜65℃で固まる。電子レンジで加熱すると100℃付近まで温度が上がるので，これを防ぐために，アルミホイルを使用する。茶わんをアルミ箔でカバーすると，"す"を立てずに，なめらかに蒸し上げることができる。

[材料] 2人分

卵……………………………… 2個（100g）

Ⓐ

[だし……………………………… 200mL
　みりん…………………… 小さじ2（12g）
　しょうゆ………………… 小さじ2（12g）]

しめじ………………………………… 10g

かまぼこ……………………… 2切れ（20g）

みつば………………………… 2本（10g）

ゆずの皮（0.5×4cm）…………………… 2枚

[作り方]

① ボウルにⒶを合わせた後，溶いた卵を加えて混ぜ，こす。

② 耐熱性の器（蒸し茶わん）2個に，しめじ（石突きを除いてほぐしたもの，大さじ2程度），かまぼこを等分に入れ，①を注ぎ，ぴったりとラップをかける。

③ アルミ箔（10×10cm）を用意し，②の器にかぶせて型を付け，中央を直径4cmくらいに丸く切り抜き，縁の角は切り落として丸くし，②の器にかぶせる。

④ 電子レンジの中央に③を1個置き，600Wで2分加熱する。1分50秒くらい経ったらラップの上からのぞいてみて，卵がゆるいときはさらに600Wで30秒〜1分加熱して仕上げる。取り出して，片結びにして熱湯を通したみつばとゆずの皮（松葉ゆずに切ったもの）をのせる。残りも同様に加熱する。

2　ゆで卵

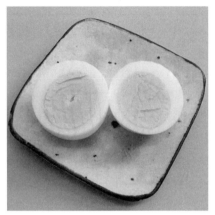

1人分76kcal／塩分0.2g

卵はマイクロ波の直撃を防ぐためにアルミ箔で包み，容器に入れて水を張る。水に沈んでいるためアルミ箔表面で火花が散ることはない。また，アルミニウムには硫黄を吸着する性質があり，卵白に含まれる硫黄分と卵黄に含まれる鉄分が反応して起こる黒変が起きにくいため，卵黄の表面に灰色の膜ができないのが特徴である。

[材料]　1人分（1個分）

　卵……………………………………… 1個（50g）*

[作り方]

① 　25×25cmのアルミ箔に卵をのせて包む。

② 　耐熱性のコップやカップ，容器に水（100mL，分量外）を注ぎ，①を入れてラップをする。

③ 　電子レンジ600Wで2分加熱し，弱キー（150～200W）または解凍キーに切り替えて12分加熱する。

④ 　水に取り，アルミ箔をはずして殻をむく。

＊卵2個をゆでるときは，それぞれをアルミ箔で包む。水を200mLに増やし，始めの600W加熱は4分にする。沸騰後の弱加熱は12分のままでよい。

3　温泉卵

1人分78kcal／塩分0.6g

卵黄は軟らかく固まり，卵白は半熟状の温泉卵を作る。卵を水中に沈めることで破裂を防ぎ，水温を70℃まで上げる方法である。

[材料]　1人分

　卵……………………………………… 1個（50g）

　Ⓐ

　「水……………………………… 小さじ1（5mL）

　└めんつゆ（3倍濃縮）……… 小さじ1/2（3g）

　木の芽…………………………………………… 1枚

[作り方]

① 　コーヒーカップなど耐熱性の容器に水大さじ3（45mL，分量外）を入れ，冷蔵庫から出したばかりの卵を割り入れる。このとき，卵の上に水がかぶっていることを確認する。卵が水から出ているときは，大さじ1（15mL）ほど追加する。

② 　皿，またはラップをかぶせ，電子レンジ600Wで1分加熱する。

③ 　取り出して湯を捨て，卵を器に移して，Ⓐをかけ，木の芽をのせる。

※温泉卵は1個ずつ作ったほうが，上手にできる。2個目からは，電子レンジ庫内が温まっているので，加熱時間は10秒ほど短くするとよい。

6. 豆腐・豆料理

　先述したように人体は約10万種のたんぱく質で構成されている。たんぱく質はアミノ酸が多数結合した高分子化合物であるが，そのアミノ酸はたったの20種類しかない。アミノ酸の種類や量，組み合わせによって性質の異なる種々のたんぱく質が作られている。

　たんぱく質は体内で分解と合成を繰り返し，一部は尿素などになって体外に排出される。たんぱく質が不足すると，体力低下や思考力低下が起きる。そのため食事から補給する必要がある。

　たんぱく質を構成するアミノ酸の中には，体内で合成できないか，あるいは合成量が少なく必要量を満たすことができないものがある。これを「必須アミノ酸」といい，9種類ある。必須アミノ酸を含め人体に必要なアミノ酸をバランスよく摂取するには，動物性たんぱく質と植物性たんぱく質を2：1の割合で取るとよいといわれている。

　たんぱく質の質を評価する指標に「アミノ酸スコア」がある。人体に必要な必須アミノ酸量を基準として，食品中に含まれる必須アミノ酸構成比の充足率を算出したものである。アミノ酸スコア100が最も質が高いとされ，鶏卵，牛肉，豚肉，鶏肉，大豆はいずれもアミノ酸スコア100の食品である。

1　豆腐とタラの酒蒸し　　豆腐

1人分143kcal／塩分1.2g

　タラの身は脂肪が0.4％と少なく，肉質が軟らかい。豆腐と合わせると動物性たんぱく質と植物性たんぱく質が一度に摂取できる。えのきたけやもやしなどと合わせ，電子レンジで味を逃さず仕上げる。

[材料] 2人分

木綿豆腐……………………………………200g

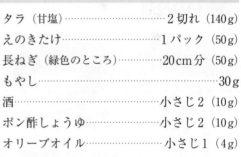

タラ（甘塩）…………………… 2切れ（140g）
えのきたけ…………………………1パック（50g）
長ねぎ（緑色のところ）…………20cm分（50g）
もやし……………………………………………30g
酒…………………………………小さじ2（10g）
ポン酢しょうゆ…………………小さじ2（10g）
オリーブオイル…………………… 小さじ1（4g）

[作り方]

① 　豆腐は2つに切る。えのきたけは根元を落としてほぐす。長ねぎは幅2cmの斜め切りにする。

② 　電子レンジにかけられる耐熱皿を2枚用意し，それぞれに豆腐，もやし，えのきたけ，タラ，長ねぎの順にのせ，酒をかける。

③ 　両端を少しずつあけてラップをし，電子レンジ600Wで6分加熱する。取り出して，ポン酢しょうゆとオリーブオイルをかける。

2　アサリ豆腐　　　　　　　　　　　　豆腐

1人分104kcal／塩分1.4g

淡泊な豆腐にアサリのうま味が加わった，あっさり味の和風煮物。電子レンジ加熱で素材の味も栄養成分も逃さずに調理できる。

[材料]　2人分

絹ごし豆腐………………………………300g
アサリのむき身（缶詰）…………小1缶（40g）
しめじ………………………1パック（100g）

A
┌ だし（アサリの缶汁＋水）1カップ（200mL）
│ しょうゆ…………………………大さじ1（18g）
└ 酒………………………………小さじ1（5g）
万能ねぎ（小口切り）…………………少量（2g）

[作り方]

①　豆腐は2つに切る。アサリは汁気を切り，汁はとっておく。しめじは石突きを取って小房に分ける。

②　耐熱性の器を2個用意し，それぞれに豆腐を入れ，まわりにアサリとしめじを入れ，Aをかける。ふんわりとラップをかけて電子レンジ600Wで8分加熱する。

③　取り出して，アサリとしめじを豆腐の上にのせ，万能ねぎを散らす。

3　いり豆腐　　　　　　　　　　　　　豆腐

1人分195kcal／塩分1.2g

[材料]　2人分

木綿豆腐……………………………………200g
卵………………………………………1個（50g）
生しいたけ……………………………2枚（30g）
にんじん…………………………………………30g
さやいんげん……………………………………30g

A
┌ 塩………………………………小さじ1/3（2g）
└ 砂糖……………………………大さじ2（18g）

[作り方]

①　生しいたけは石突きを除き，1枚を2つにそぎ，せん切りにする。にんじんは長さ4cmのせん切りにし，さやいんげんは筋を取って斜め薄切りにする。

②　耐熱ボウルに豆腐を入れ，両端を少しずつあけてラップをかけ，電子レンジ600Wで6分加熱する。泡立て器で突いてくずし，ざるに上げて水気を切る。

③　耐熱ボウルに豆腐をもどし入れ，①を加え，Aも加えて混ぜる。両端を少しずつあけてラップをかけ，電子レンジで1分加熱する。

④　取り出して溶き卵を加えて混ぜ，両端を少しずつあけてラップをかけ，電子レンジで1分加熱する。取り出して混ぜる。

4 厚揚げの煮物　　　　　　　　　　　　豆腐

1人分173kcal／塩分0.8g

少ない煮汁でも，クッキングシートと小皿の落としぶた効果で，味が全体に回る。

[材料] 2人分

厚揚げ*……………………………………1枚（200g）

Ⓐ
「しょうゆ……………………………大さじ1（18g）
酒………………………………………大さじ1（15g）
砂糖……………………………………大さじ1（9g）
└水……………………………………大さじ3（45mL）
おろししょうが………………………適量（10g）

[作り方]

① 厚揚げは縦半分に切り，さらに1cm幅に切る。

② 耐熱ボウルにⒶを合わせ混ぜ，①を入れる。クッキングシートをかぶせ，小皿をのせて両端を少しずつあけてラップをかけ，電子レンジ600Wで5分加熱する。

③ 器に盛り，おろししょうがをのせる。

＊厚揚げの代わりに油揚げを使って「油揚げのほたほた煮」にしてもよい。油揚げ2枚（60g）を用意し，縦長に2等分，さらにそれぞれを4等分して奴に切ったものを使う。

5 大豆のカレーそぼろ煮　　　　大豆・その他の豆

1人分212kcal／塩分1.5g

大豆は豆類の中で最もたんぱく質含量が多い（約35%）。豆類は，必須アミノ酸のうち，他の穀類にはあまり含まれないリジン，スレオニンを多く含んでいる。

カレールウは塩分を多く含む。マイクロ波が塩分の多いところに集中する性質があるため，ルウを熱湯で溶きのばして，豚ひき肉にからめてから加熱する。

[材料] 2人分

豚ひき肉…………………………………………100g
大豆（水煮）…………………………小1缶（120g）
カレールウ（フレーク状）……大さじ2（20g）
トマトケチャップ…………………小さじ1（5g）
熱湯……………………………………………70mL

[作り方]

① 大豆は水気を切っておく。

② 耐熱ボウルにカレールウとトマトケチャップを入れ，熱湯を注いで溶かし，豚ひき肉を加えてダマのないように混ぜ，大豆を加えて混ぜる。

③ 両端を少しずつあけてラップをかけ，電子レンジ600Wで5分加熱する。取り出して混ぜる。

6　いりおから　　　　　　　　　　　おから

1人分234kcal／塩分1.4g

　電子レンジでおからを加熱すると，内部に含まれる水分が水蒸気に変わる。取り出したらすぐ，泡立て器で勢いよくかき混ぜ，おからの水蒸気を飛ばす。これで，いりおからが出来上がる。従来の炒め方に比べ，使う油と時間が節約できる。

[材料]　2人分

おから	100g
こんにゃく	1/4枚（60g）
油揚げ	1枚（30g）
にんじん	50g
生しいたけ	2枚（30g）
ちりめんじゃこ	大さじ2（8g）

A
砂糖	大さじ2（18g）
しょうゆ	大さじ1（18g）
ごま油	大さじ1（12g）
水	大さじ1（15mL）

万能ねぎ	1本（10g）

[作り方]

① こんにゃくは粗みじん切りにする。キッチンペーパーに包んで耐熱ボウルに入れ，ふんわりとラップをかけ，電子レンジ600Wで1分加熱する。キッチンペーパーを外すと，あく抜きと下ゆでが済む。

② 油揚げは縦半分に切って細切りにする。

③ にんじんはイチョウ切りにする。生しいたけは軸を除いて薄切りにする。

④ 耐熱ボウルに①～③，ちりめんじゃこ，Aを入れて混ぜる。両端を少しずつあけてラップをかけ，電子レンジで4分加熱する。

⑤ 別の耐熱ボウルにおからを入れる。ふんわりとラップをかけ，電子レンジで4分加熱する。取り出して泡立て器で勢いよくかき混ぜ，蒸気を飛ばす。

⑥ ⑤に④と，小口切りした万能ねぎを加えて混ぜる。

7．米・麺料理

米料理

●ご飯を炊く

「米を炊く」とは，米のβ–デンプンを，水と熱を加えて粘り気のあるα–デンプンに変化させる作業のことで，このデンプンの変化を糊化（α化）という。

米は白米，胚芽米，7分づき米のどれも15.5％の水分を含む。電子レンジのマイクロ波の極性変化は1秒間に24億5千万回行われ，分子量の小さな水分子は高速で振動し発熱する。マイクロ波が米粒に含まれる水分と，加えた水分の両方に同時に当たり，米粒は内からも外からも加熱されることになる。

電子レンジ炊飯では，浸水時間がなくてもふっくらと炊き上がる。例外はあるが，蒸らし時間も不要である。

1　ご飯　　　　　　　　　　　　　米

1人286kcal／塩分0g

浸水時間ゼロでご飯を炊く。

[材料]　2人分

米……………………………… 1カップ（160g）

水…………………………… 1.3カップ（260mL）

[作り方]

① 米は洗って水切りし，直径22cmの耐熱ボウルに入れ，分量の水を注ぐ。

② 両端を少しずつあけてラップをし，電子レンジ600Wで5分加熱する。沸騰してきたことを確かめ，弱キー（150〜200W）または解凍キーに切り替えて12分加熱する。

◎米2カップで炊く場合

米を倍量の2カップで炊くときは，水も2倍の2.6カップにする。電子レンジ600Wで7〜8分加熱すると沸騰してくる。それを確かめて，弱キー（150〜200W）または解凍キーに切り替え，12分加熱する。米と水の量が増えても，沸騰後の弱加熱の時間は変わらない。

2　おかゆ　　　米

1人分89kcal／塩分0g

胃腸が弱っているとき，噛んだり，飲み込んだりしづらくなっているときには，主食の基本はおかゆがよい。電子レンジ調理でそのつどできたてが食べられる。

[材料]　2人分

米……………………………………………30 g

水…………………………1と1/2カップ（300 mL）

[作り方]

① 米は洗ってざるに上げる。耐熱ボウルに米を移し，分量の水を注ぎ，15分おく。

② ふた，または両端を少しずつあけてラップをかけ，電子レンジ600Wで4分，沸騰するまで加熱する。

③ 沸騰してきたら，セットした時間が残っていてもすぐに電子レンジ弱キー（150〜200W）または解凍キーに切り替え，15分加熱する。

④ 電子レンジから取り出し，ラップをかけたまま10分蒸らす。

◎ご飯から全がゆを作る場合（2人分）

耐熱ボウルにご飯105 g，水260 mLを入れ，ラップをかけ，電子レンジ600Wで沸騰するまで3〜4分加熱する。沸騰したら弱キーに切り替え，5分加熱。取り出して10分蒸らす。

3　赤　飯　　　もち米

1人分338kcal／塩分0.2 g

電子レンジを使えば吸水時間不要となる。

[材料]　2人分

もち米……………………………1カップ（160 g）

あずき*…………………………1/4カップ（30 g）

ごま塩……………………………………少々（0.5 g）

[作り方]

① 耐熱ボウルにあずきと水1カップ（200 mL，分量外）を入れ，両端を少しずつあけてラップをかけ，電子レンジ600Wで10分加熱する。

② 電子レンジ弱キー（150〜200W）または解凍キーに切り替え，さらに10分加熱し，取り出してあずきとゆで汁に分ける。

③ もち米は洗ってざるへ上げ，水気を切る。②のゆで汁と水を合わせて1カップにし，耐熱ボウルに入れ，もち米を加えて混ぜる。あずきをのせ，両端を少しずつあけてラップをかけ，電子レンジ600Wで5分加熱する。

④ 沸騰してきたら途中でも電子レンジ弱キーまたは解凍キーに切り替え，さらに12分加熱する。取り出して，ラップをかけたまま5分蒸らす。器に盛り，ごま塩を振る。

＊赤飯用水煮あずき（煮汁と合わせて90 g）を用いてもよい。その場合は分量外の水1カップを150 mLにする。

4　芋栗おこわ　　　　　もち米

1人分389kcal／塩分0.8g

吸水させたもち米は熱湯で，電子レンジ強加熱で炊く。

[材料] 2人分

もち米……………………1カップ（160g）
さつま芋…………………1/6本（50g）
栗の甘露煮（汁を切って）……3〜4個（50g）
熱湯………………………180mL
Ⓐ
[　みりん………………大さじ1/2（9g）
[　塩……………………小さじ1/4（1.5g）

[作り方]

① もち米は洗って5分間水に浸し，ざるに上げる。

② さつま芋は皮付きのまま7mm厚の輪切り，または半月切りにする。水に10分浸してあくを除き，水気を切る。

③ 栗の甘露煮は汁を切る。

④ 耐熱ボウルに熱湯を注ぎ，Ⓐを加えて塩を溶かし，①を加えて表面を平らにならし，②，③をのせる。

⑤ 両端を少しずつあけてラップをかけ，電子レンジ600Wで12分加熱し，取り出して10分蒸らす。

◎もち米2カップ（4人分）で作る場合

もち米……………………2カップ（320g）
さつま芋…………………1/3本（100g）
栗の甘露煮（汁を切って）……7〜8個（100g）
熱湯………………………360mL
Ⓐ
[　みりん………………大さじ1（18g）
[　塩……………………小さじ1/2（3g）

作り方は上記に準ずる。加熱時間は600Wで18分加熱し，10分蒸らす。

芋も栗ももち米もデンプン食材なので，600W加熱で炊飯できる。

5　五穀ご飯　　　　　　米

1人分286kcal／塩分0g

ビタミン，ミネラル，食物繊維豊富な五穀米を混ぜて炊飯する。

[材料] 2人分

米…………………………3/4カップ（120g）
五穀米……………………1/4カップ（40g）
水…………………………1.3カップ（260mL）

[作り方]

① 米と五穀米を別々に洗って，ざるへ上げる。

② 耐熱ボウルに米と五穀米を入れ，水を注ぐ。両端を少しずつあけてラップをかける。

③ 電子レンジ600Wで5分加熱し，沸騰してきたら弱キー（150〜200W）または解凍キーに切り替えて12分加熱する。

④ 取り出して，5分間蒸らす。

6　中国おこわ　　　　　もち米

1人分399kcal／塩分2.0g

[材料]　2人分

もち米………………………1カップ（160g）
焼き豚（薄切り）………………4枚（50g）
ゆでたけのこ………………………30g
生しいたけ…………………2枚（30g）
ぎんなん（水煮）………8粒（32g）
熱湯……………………………180mL
Ａ
「鶏ガラスープのもと（顆粒）小さじ1/2（2g）

しょうゆ………………………小さじ2（12g）
酒…………………………………小さじ2（10g）
ごま油……………………………小さじ1（4g）

[作り方]

① もち米は洗ってざるへ上げる。
② 焼き豚は1cm角に切る。たけのこは、穂
先はくし形に切り、根元は1cm角に切る。
しいたけは石突きを取って4つに切る。
③ 耐熱ボウルに熱湯を注ぎ、Ａを入れて混
ぜ、①を加えて平らにし、上に②とぎんなん
をのせる。
④ 両端を少しずつ開けてラップをかけ、電子
レンジ600Wで6～7分、沸騰するまで加熱
し、弱キー（150～200W）または解凍キーに
切り替えて12分加熱する。蒸らし時間は不
要。取り出して混ぜる。

◎もち米2カップ（4人分）で炊く場合

材料はいずれも2倍にし、600Wの加熱時間
は8～9分。沸騰してきたら弱キーに切り替
え、12分加熱する。

7　炊き込みご飯　　　　　　米

1人分373kcal／塩分1.4g

[材料]　2人分

米………………………………1カップ（160g）
油揚げ……………………………1枚（30g）
にんじん………………………………50g
水………………………………240mL

Ａ
「和風だし（顆粒）…………小さじ1/2（2g）
しょうゆ………………………大さじ1（18g）
酒……………………………大さじ1（15g）

[作り方]

① 米は洗ってざるに上げる。油揚げは縦半分
に切ってから細切りにし、にんじんは長さを
半分に切って細切りにする。
② 大きめの耐熱ボウルに分量の水を注いでＡ
を加え混ぜ、①の米を加えて、油揚げとにん
じんをのせ、両端を少しずつあけてラップを
かける。
③ 電子レンジ600Wで8～9分加熱し、沸騰
してきたら、弱キー（150～200W）または解
凍キーに切り替え、12分加熱する。
④ 取り出して、5分蒸らす。

5

8　アサリとトマトのリゾット　　米

1人分340kcal／塩分2.1g

[材料]　2人分

にんにく……………………1かけ分（10g）
オリーブオイル……………小さじ2（8g）
米……………………………1/2カップ（80g）
熱湯…………………………2カップ（400mL）
アサリ（殻付き・砂出ししたもの）…………200g
ミニトマト…………………10個分（100g）
バター………………………大さじ2（24g）
粉チーズ……………………大さじ1（6g）
こしょう……………………少々（0.2g）

[作り方]

① 耐熱ボウルに，にんにくとオリーブオイルを入れ，両端を少しずつあけてラップをかけ，電子レンジ600Wで30秒加熱し，香りを引き出す。

② 米を加え，熱湯を注ぎ，両端を少しずつあけてラップをかけ，電子レンジ600Wで6分加熱。沸騰してきたことを確かめて，ラップをあけて，アサリとミニトマト（へたを取って2つに切ったもの）を加える。ラップをもどし，電子レンジ600Wで4分加熱。沸騰してきたら，弱キー（150〜200W）または解凍キーに切り替え，12分加熱する。

③ 取り出して，バターと粉チーズを加えてかき混ぜ，器に盛ってこしょうを振る。

9　中華がゆ　　米

1人分343kcal／塩分1.7g

[材料]　2人分

米……………………………1/4カップ（40g）
水……………………………2カップ（400mL）
A
「中華スープのもと（顆粒）小さじ1/4（1g）
ごま油……………………小さじ1（4g）
クコの実……………………小さじ1（2g）
ピータン……………………1個（50g）
長ねぎ………………………4cm（10g）
しょうが（薄切り）………1枚（1g）

[作り方]

① 米は洗ってざるに上げる。ピータンは殻をむいて乱切りにし，長ねぎとしょうがはせん切りにする。

② 大きめの耐熱ボウルに①の米を入れ，分量の水を注いでAとクコの実を加え，両端を少しずつあけてラップをかける。

③ 電子レンジ600Wで6分加熱し，沸騰してきたことを確かめて，弱キー（150〜200W）または解凍キーに切り替え，12分加熱。取り出して，5分蒸らす。

④ 器に盛り，①のピータン，長ねぎ，しょうがをのせる。

10　チキンカレー　　　　　　　　　　　　　　ご飯

1人分498kcal／塩分1.7g

　電子レンジ加熱では，内も外も食材全体が一様に加熱されるため，煮込んでいなくてもしっかりと味がしみ込んだ仕上がりになる。

　市販のカレールウは牛脂と豚脂で小麦粉をブラウンに炒め，カレー粉，その他のスパイスを加えて作っている。肉やじゃが芋を油で炒めない電子レンジカレーでも十分な脂分があり，鍋で作ったときと変わらず，おいしく食べること

ができる。糖尿病，脂質異常症などで摂取エネルギー量に制限のある方にもお薦めのレシピである。

[材料]　2人分

鶏もも肉……………………………………100g
じゃが芋…………………………中1個（150g）
にんじん……………………………………75g
水……………………………………240mL
カレールウ（フレーク状）*……大さじ4（40g）
ご飯（温かいもの）………茶わん2杯分（300g）

[作り方]

① 鶏もも肉は一口大に切る。じゃが芋，にんじんは乱切りにする。
② 耐熱容器に①を入れ，水を注いでカレールウを加える。
③ 両端を少しずつあけてラップをかけ，電子レンジ600Wで12分加熱する。
④ 取り出して混ぜ，皿に盛ったご飯にかける。
＊固形ルウの場合は同分量を刻む。

11　ハヤシライス　　　　　　　　　　　　　　ご飯

1人分445kcal／塩分2.5g

　こま切れ肉と玉ねぎで手早く簡単にハヤシライスを作る。調味液に肉を先に加えると，味がよくしみて煮込んだように仕上がる。

[材料]　2人分

牛こま切れ肉………………………………100g
玉ねぎ……………………………1個（200g）
しょうゆ…………………………大さじ1（18g）
みりん……………………………大さじ1（18g）
ハヤシルウ（顆粒）*………………大さじ2（20g）
水……………………………………240mL
ご飯（温かいもの）………茶わん2杯分（300g）
パセリ（みじん切り）………………少々（5g）

[作り方]

① 牛肉は長さ3cmに，玉ねぎは幅1cmのくし形に切る。
② 耐熱ボウルに水を注ぎ，ハヤシルウとしょうゆ，みりんを加えて混ぜる。肉を先に加え，玉ねぎをのせる。
③ 両端を少しずつあけてラップをかけ，電子レンジ600Wで10分加熱する。
④ 取り出して混ぜ，器に盛ったご飯にかけ，パセリを振る。
＊固形ルウの場合は同分量を刻む。

12　ドライカレー　　

1人分445kcal／塩分0.9g

　抗疲労効果や運動機能向上効果があるといわれているイミダゾールジペプチドを豊富に含む，鶏むねのひき肉でドライカレーを作る。

[材料] 2人分

鶏ひき肉（むね肉）……………………………200g
ピーマン………………………………2個（60g）
玉ねぎ…………………………………1/4個（50g）
にんにく（みじん切り）…………小さじ1（5g）

レーズン………………………………大さじ1（10g）

A
　┌カレー粉……………………………小さじ2（4g）
　│トマトケチャップ…………………小さじ2（10g）
　│ウスターソース……………………小さじ2（10g）
　│塩………………………………………少々（0.2g）
　│こしょう……………………………少々（0.05g）
　│一味唐辛子……………………小さじ1/4（0.5g）
　└サラダ油……………………………小さじ1（4g）
ご飯（温かいもの）………茶わん2杯分（300g）

[作り方]

①　ピーマンはへたと種を取ってみじん切りに，玉ねぎもみじん切りにする。

②　耐熱ボウルにひき肉，①，にんにく，レーズンを入れ，Aを加えて混ぜる。ふんわりとラップをかけ，電子レンジ600Wで8分加熱する。4分たったら取り出して混ぜてもどし，最後にもう一度混ぜる。

③　器にご飯を盛り，中央に②をのせる。

13　親子丼　　

1人分450kcal／塩分1.8g

　卵をとろりと仕上げるために，電子レンジ加熱を2回行う。

[材料] 2人分

玉ねぎ……………………………1/2個（100g）
みつば………………………………1/2把（30g）
鶏こま切れ肉…………………………………100g

溶き卵…………………………………………2個分

A
　┌しょうゆ…………………………大さじ2（36g）
　│砂糖………………………………大さじ2（18g）
　└水…………………………………大さじ2（30mL）
ご飯（温かいもの）………茶わん2杯分（300g）

[作り方]

①　玉ねぎは幅1cmのくし形に，みつばは3cm長に切る。

②　耐熱ボウルにAを合わせ，鶏肉を入れてからめ，玉ねぎをのせ，ふんわりとラップをかけ，電子レンジ600Wで4分加熱する。

③　取り出してみつばをのせ，溶き卵を回しかけ，今度は，ラップはかけずに電子レンジで2分，卵が半熟状になるまで加熱する。

④　丼にご飯を盛り，③をのせる。

14　牛　丼　　　　　　　　　　　　　　　　　　ご飯

1人分493kcal／塩分1.4g

　調味料に油を加えて牛肉にからめて電子レンジ加熱すると，マイクロ波が牛肉に当たり，こんがりとした風味になる。

[材料] 2人分

牛こま切れ肉……………………………………150g
玉ねぎ……………………………… 1個（200g）

A
┌ みそ……………………………… 大さじ1（18g）
│ しょうゆ…………………………… 大さじ1（18g）
│ 砂糖……………………………… 大さじ2（18g）
│ 酒………………………………… 大さじ1（15g）
└ サラダ油…………………………… 小さじ1（4g）
ご飯（温かいもの）……… 茶わん2杯分（300g）

[作り方]

① 牛肉は大きいところは2つに切る。玉ねぎは縦半分に切り，繊維と直角に幅1cmに切る。

② 耐熱ボウルにAを合わせ，牛肉を入れてほぐしながらからめ，上に玉ねぎをのせる。

③ 両端を少しずつあけてラップをかけ，電子レンジ600Wで7分加熱する。

④ 取り出して混ぜ，丼に盛ったご飯にのせる。

15　チャーハン　　　　　　　　　　　　　　　　ご飯

1人分435kcal／塩分1.6g

　混ぜて，のせて，加熱するだけで，彩りもきれいに調理できる。エネルギーを抑えるときは，サラダ油大さじ1を小さじ1（4g）に変更する。

[材料] 2人分

ご飯……………………… 茶わん2杯（300g）

A
┌ サラダ油…………………… 大さじ1（12g）
└ しょうゆ…………………… 大さじ2（18g）
こしょう…………………………… 少々（0.2g）
卵…………………………………… 2個（100g）
牛乳………………………… 大さじ2（32g）
むきエビ（背わたを取る）…………………30g
長ねぎ（小口切り）……………10cm分（25g）
グリーンピース（水煮）……… 大さじ2（20g）

[作り方]

① ご飯にAを加え，ほぐしながら混ぜる。

② 耐熱ボウルに卵を溶いて牛乳を混ぜ，ふんわりとラップをして電子レンジ600Wで1分30秒加熱する。

③ 取り出して泡立て器で混ぜていり卵風にし，①を加え，エビ，長ねぎ，グリーンピースをのせる。両端を少しずつあけてラップをかけ，電子レンジで8分加熱する。取り出して混ぜる。

麺料理

●乾麺をゆでる

　乾麺も電子レンジでゆでられる。鍋でゆでるときは，水は乾麺の10倍の量が必要だが，電子レンジ調理ではその半分で済み，また，途中で混ぜなくても，麺が団子状にはならない。

　乾麺100g（2人分）の場合，500mLの水でゆでる。噴きこぼれやすいのでラップはかけない。水の状態から調理するため，加熱時間の目安は乾麺のパッケージに記載されているゆで時間より5分ほど長くなる。なお，乾麺100gをゆでるには，耐熱ボウルは直径21cm（1.5〜2L）程度の大きさがあったほうがよい。

　油控えめのパスタや焼きそばなども電子レンジで簡単に調理できる。

水の加熱時間（電子レンジ600Wの場合）

	水の量	水の加熱時間
1人分（乾麺50g）	250mL	2分30秒
2人分（乾麺100g）	500mL	5分

乾麺のゆで時間の目安（電子レンジ600Wの場合）

	ゆで時間（水の加熱時間にプラス）
そうめん（乾）	＋2分
そば（乾）	＋3分
うどん（乾）	＋3〜10分
スパゲッティ（乾），マカロニ（乾）	＋4〜10分

16　ざるそば　　　　　　　　　　　　　　そば

1人分186kcal／塩分2.1g

[材料] 2人分

そば（乾燥）*……………………………………100g
水…………………………………………………500mL

Ａ 〈そばつゆ〉（p.146参照）
　┌ めんつゆ（3倍濃縮）…………大さじ2（36g）
　└ 冷水……………………………………120mL
辛み大根おろし………………………適量（40g）
青じそ……………………………………………2枚

[作り方]

① 耐熱ボウルに水500mLを入れ，そばを2つに折って入れる。ラップをかけずに電子レンジ600Wで8分加熱する。

② 冷水でゆすぎ，ざるへ上げて器に盛り，青じそに汁を切った辛み大根おろしをのせて添える。

③ そばちょこにＡのそばつゆを入れて添える。

＊加熱時間は麺の種類によって増減する。

17 スパゲッティ・ペペロンチーノ スパゲッティ

1人分309kcal／塩分1.0g

電子レンジでパスタをゆでるときは，水には塩を加えず，ソースに塩味をつける。油のみを加熱するときは，耐熱ボウルの大きさによって時間が異なり，以下に挙げる1分30秒は直径21cm程度のボウルを使用したときの時間である。

[材料] 2人分

スパゲッティ（4分ゆで）（乾燥）…………100g
水……………………………………500mL

Ⓐ〈アーリオ・オーリオ・ペペロンチーノ〉
にんにく……………………………1かけ分（10g）
オリーブオイル………………………大さじ1（12g）
赤唐辛子……………………………1本（1g）
塩……………………………………小さじ1/5（1.2g）
こしょう……………………………少々（0.2g）

[作り方]
① 大きめ（直径21cm程度）の耐熱ボウルに水を入れ，スパゲッティを2つに折って加える。ラップはかけずに電子レンジ600Wで9分加熱する。
② Ⓐで使う赤唐辛子はキッチンばさみで頭のほうを切り落とし，竹串で種を取り出し，2つに切る。にんにくはみじん切りにする。
③ 別の耐熱ボウル（上記と同じ程度の大きさ）にⒶを入れ，両端を少しあけてラップをかけ，600Wで1分30秒加熱する。
④ ①のゆでたてのスパゲッティのゆで汁を切り，Ⓐに加えてざっとからめ，塩，こしょうで味をととのえる。

18 スパゲッティ・ミートソース スパゲッティ

1人分479kcal／塩分1.3g

イタリアでボロネーズソースと呼ばれるミートソースを電子レンジで作る。

[材料] 2人分

スパゲッティ（4分ゆで）（乾燥）…………100g
水……………………………………500mL

牛ひき肉………………………………………100g
トマトソース………………………1缶（290g）
オリーブオイル………………………大さじ1（12g）
おろしにんにく………………………小さじ1（4g）
パセリ（みじん切り）………………大さじ1（10g）
粉チーズ……………………………大さじ2（12g）

[作り方]
① スパゲッティは，スパゲッティ・ペペロンチーノを参考にゆでる。または，麺の袋に表示されている通りにゆでてもよい。
② 耐熱ボウルに牛ひき肉とトマトソース，オリーブオイル，おろしにんにくを入れて混ぜ，両端を少しずつあけてラップをかけ，電子レンジ600Wで8分加熱する。
③ 器に湯をきったスパゲッティを盛り，②のミートソースをかけ，パセリと粉チーズを振る。

19　スパゲッティ・カルボナーラ　　スパゲッティ

1人分542kcal／塩分1.4g

　第二次世界大戦後，イタリアに進駐したアメリカ兵が，塩豚（パンチェッタ）の代わりにベーコンを使い大流行した。ベーコンは電子レンジで加熱し，生クリームと卵を加えるとクリーミーに仕上がる。

[材料] 2人分

　スパゲッティ（4分ゆで）（乾燥）…………100g
　水………………………………………500mL

ベーコン（薄切り）………………4枚（80g）
オリーブオイル………………大さじ1（12g）
にんにく………………………1かけ分（10g）
Ⓐ〈クリームソース〉
　┌卵黄………………………2個分（30g）
　│生クリーム………………大さじ4（60g）
　└塩………………………小さじ1/5（1.2g）
こしょう……………………………少々（0.2g）

[作り方]

① 　スパゲッティは，スパゲッティ・ペペロンチーノを参考にゆでる。

② 　ベーコンは幅1cmに切り，耐熱ボウルに入れ，オリーブオイルとみじん切りしたにんにくを加え，両端を少しずつあけてラップをかけ，電子レンジ600Wで3分加熱する。

③ 　取り出して，合わせておいたⒶのクリームソースを加えて勢いよく混ぜ，湯を切ったスパゲッティを加えて手早くあえ，器に盛り，こしょうを振る。

20　にらもやしそば　　中華麺

1人分428kcal／塩分4.1g

　水の量を減らせば，ラーメンスープは1パックで2人分をまかなえる。もやし，にら以外の野菜の組み合わせでもよい。

[材料] 2人分

　即席中華麺…………2パック（麺91g/パック）
　水………………………3カップ（600mL）

もやし………………………………200g*
にら…………………………………30g*
ラーメンスープ……………………1パック
こしょう……………………………少々（0.2g）

[作り方]

① 　耐熱ボウルに水を入れ，即席麺，水に放してざるへ上げておいたもやし，3cm長に切ったにらを加え，ふんわりとラップをする。

② 　①を電子レンジ600Wで10分加熱する。

③ 　丼2個に②の麺・野菜を取り分ける。残った汁にラーメンスープを溶かしたものを加えて丼に注ぎ，こしょうを振る。

＊もやし・にらの代わりに，玉ねぎ200g・万能ねぎ50g，キャベツ200g・水菜50g，レタス200g・にんじん50gなどの組み合わせでもおいしくできる。

21 ソース焼きそば 中華麺

1人分483kcal／塩分2.0g

電子レンジを使えば油の量が抑えられ，栄養バランスのとれた，エネルギー控えめの焼きそばができる。糖尿病，脂質異常症，心臓病などの療養食・予防食にもなる，

[材料] 2人分

焼きそば麺（蒸し）……………2パック（240g）
豚もも肉（薄切り）………………………100g
キャベツ……………………………2枚（100g）
にんじん…………………………………50g
ピーマン……………………………2個（60g）
サラダ油…………………………大さじ1（12g）
添付の焼きそばソース（粉末）……小2パック

[作り方]

① 豚肉は長さ3cmに切る。キャベツは適当な大きさにちぎる。にんじんは1.5×4cmの短冊切りに，ピーマンは種とへたを除いて横に幅1cmに切る。

② 焼きそば麺は縦横に2本ずつ包丁を入れる。

③ ボウルに粉末ソースとサラダ油を入れ，豚肉を加えてからませ，キャベツ，にんじん，ピーマンを加え，上に②をのせる。

④ 両端を少しずつあけてラップをかけ，電子レンジ600Wで8分加熱する。

8. 発酵作用とパン作り

　小麦粉の成分は主にたんぱく質，デンプン，糖化酵素（アミラーゼ）で，パン生地を作るには，そこへ水と酵母（イースト）を加える。全体に混ぜ，電子レンジの弱キー（150〜200W）で30秒加熱して15分ほど放置すると，これだけで一次発酵が終了する。弱キーを使うのは，温めるためだけではなく，アミラーゼやイーストが発酵するためのバイブレーションを与えるためである。

　電子レンジの中では，たんぱく質・デンプンがマイクロ波に刺激され，水分が染み渡り温まる。それにより，眠っていたアミラーゼとイーストが発酵活動を始める。アミラーゼはデンプンをブドウ糖に分解し，イーストはブドウ糖を水と二酸化炭素に分解する。この二酸化炭素がパンのふくらみのもととなる。一方，マイクロ波の刺激によって，水とたんぱく質はグルテン（構造）を形成し，二酸化炭素はグルテンの網目構造をふくらませる。

　従来の方法では40分以上かかっていたパン生地の一次発酵が，電子レンジを使うことで15分程度に短縮することができる。ただし，国産の強力粉や全粒粉，ライ麦粉などでは，グルテンの含有量が少ないため発酵時間を長めにとる。

1　パン生地　　　電子レンジ発酵パン

全量537kcal／塩分1.2g

　市販のドライイーストは顆粒状で，水などに加えると，箸で散らす程度で十分な発酵を得られる。電子レンジ発酵のポイントは「練らない，こねない，打ち付けない」である。

［材料］ 出来上がり180g

強力粉………………………………100g
水………………………………………65mL

A
┌ サラダ油……………………… 小さじ2（8g）
│ 塩…………………………… 小さじ1/5（1.2g）
└ 砂糖…………………………… 小さじ1（3g）
　ドライイースト………………… 小さじ1（4g）

［作り方］

① 電子レンジ対応樹脂容器に水を入れ，Aを加えて混ぜ（砂糖と塩が溶けたら），ドライイーストを加える。

② 強力粉の1/2量を加え，箸でなめらかになるまで混ぜる。

③ 残りの強力粉を加え，ひとかたまりになるまで混ぜる。

④ ふたはしないで，電子レンジ弱キー（150〜200W）または解凍キーで30秒加熱する。

⑤ 取り出してふたを軽く置き，10〜15分ほど休ませて2倍にふくらむまでおく。

本節2〜9の「基本のパン生地」は，ここで作ったパン生地を指す。

2　プチパン　　　　　　　電子レンジ発酵パン

1個分133kcal／塩分0.3g

　マイクロ波は発酵を促進するために使うので，材料が倍であっても，一次発酵，二次発酵ともに電子レンジ弱キー（150〜200W）で30秒と，加熱時間は変わらない。

［材料］ 直径8cmのプチパン4個分

　基本のパン生地……………………1単位（180g）
　打ち粉用の強力粉…………………適量（20g）

［作り方］

① 　打ち粉をしたまな板に生地を置き，両面に粉をつける。

② 　ゴムべらで押さえてガスを抜く。ゴムべらで十字に4等分する。それぞれを手にとって，切り口を中に巻き込むようにして丸く形を整え，閉じ目はつまんでしっかり合わせる。

③ 　耐熱皿にクッキングシートを敷き，生地の閉じ目を下にして並べる。電子レンジ弱キー（150〜200W）または解凍キーで30秒，または強キー（600W）で10秒加熱する。

④ 　クッキングシートごと天板に移し，等間隔に並べ，上にもクッキングシートをかけ，乾燥防止に水で濡らしたキッチンペーパーをのせ，26〜27℃の温かいところに10〜20分おいて，2倍にふくらむまでおく。

⑤ 　上のクッキングシートとキッチンペーパーを外し，茶こしで打ち粉を振りかけ，180℃のオーブンに入れ，きつね色になるまで12〜15分焼く。

3　あんパン　　　　　　　電子レンジ発酵パン

1個分218kcal／塩分0.3g

［材料］ 直径8cmのもの4個分

　基本のパン生地……………………1単位（180g）
　打ち粉用の強力粉…………………適量（20g）
　あずき練りあん（市販品）………………120g
　溶き卵……………………………大さじ1（15g）
　いりごま（白）…………………………適量（2g）

［作り方］

① 　プチパンのプロセス①〜②を行う。

② 　直径10cmにのばし，4等分して丸めた練りあんをのせ，生地を引っ張って中央に寄せて閉じる。

③ 　プチパンのプロセス③〜④を行う。

④ 　上のクッキングシートとキッチンペーパーを外し，溶き卵を塗り，中央にごまを振り，180℃のオーブンに入れ，きつね色になるまで12〜15分焼く。

4　ウインナーチーズロール　　　電子レンジ発酵パン

1個分191kcal／塩分0.7g

ぷりっとしたウインナーの肉汁とチーズの相性がよい調理パン（おかずパン）を作る。

[材料]　4個分

基本のパン生地……………………1単位（180g）
ウインナー……………………………4本（60g）
ピザ用チーズ……………………小さじ4（12g）

打ち粉用の強力粉…………………適量（20g）

[作り方]

①　打ち粉をしたまな板の上で生地を4等分する。

②　両手に挟んで12〜13cmの長さの棒状にのばし，めん棒で縦に20cmほどにのばし，生地の細いほうの端にめん棒を重石としてのせ，手前7cmのところにウインナーとチーズをのせ，手前から先端に向かって生地を引っ張りながら巻いていく。巻き終わりを下にして置く。

③　プチパンのプロセス③〜④を行う。

④　上のクッキングシートとキッチンペーパーを外し，茶こしで打ち粉を振りかけ，180℃に温めたオーブンの中段できつね色になるまで12〜15分焼く。

5　メロンパン　　　　　　　　　電子レンジ発酵パン

1個分336kcal／塩分0.5g

[材料]　4個分

基本のパン生地……………………1単位（180g）
打ち粉用の強力粉…………………適量（20g）
Ａ〈メロン生地〉
「バター（有塩）………………大さじ2（24g）
砂糖………………………………大さじ4（36g）
レモンの皮（すりおろし）・小さじ1/2（2g）
溶き卵……………………………大さじ2（30g）

「薄力粉…………………………………100g
Ｌベーキングパウダー………小さじ1/2（2g）
グラニュー糖…………………………適量（20g）

[作り方]

①　Ａのメロン生地では，まず耐熱ボウルにバターと砂糖を入れ，電子レンジ600Wで20秒加熱してバターを軟らかくする。レモンの皮と溶き卵を加えて，薄力粉とベーキングパウダーをふるい入れ，しっとりするまで混ぜる。10分ほど冷凍庫に入れ，生地を固める。

②　プチパンのプロセス①〜④を行う。

③　①を4等分して丸め，皿に入れたグラニュー糖の上で裏表まぶし，指で直径10cmくらいの円形に広げる。②の生地をのせて上下を返して包む。表面に包丁の背でメロンの編目模様を付け，天板に並べる。

④　200℃に温めたオーブンの中段で10〜12分焼く。

6 フォカッチャ　　　　　　　　電子レンジ発酵パン

全量668kcal／塩分1.6g

イタリア発祥のフォカッチャは平たい形の食事パンで，ピザの原型ともいわれている。

[**材料**] 直径20cmのもの1個分

基本のパン生地………………1単位（180g）
仕上げ用のオリーブオイル……大さじ1（12g）
にんにく…………………………大1かけ分（15g）

ローズマリーの葉……………………10cm分
塩…………………………………………0.4g
こしょう…………………………少々（0.2g）
打ち粉用の強力粉………………適量（20g）

[作り方]

① 打ち粉をしたまな板に生地を取り出し，上下を返してゴムべらでガス抜きをし，丸めて形を整える。めん棒で18cmの円形にのばす。

② プチパンのプロセス③～④を行う。

③ 上のクッキングシートとキッチンペーパーを外し，親指に打ち粉をつけて穴を12～13個あける。全体に刷毛でオリーブオイルを塗り，塩，こしょうを振り，穴の数に切り分けたにんにくとローズマリーの葉を穴に入れる。

④ 200℃に温めたオーブンの上段で10～12分焼く。

7 ピザ・マルゲリータ　　　　　電子レンジ発酵パン

全量1175kcal／塩分6.0g

[**材料**] 直径24cmのもの1枚分

基本のパン生地………………1単位（180g）
打ち粉用の強力粉………………………適量
トマトソース…………………大さじ2（30g）
トマト……………………………小2個（150g）
ピザ用チーズ……………………………100g
サラミソーセージ（薄切り）……………30g
パセリ（みじん切り）…………たっぷり（10g）

塩…………………………………………0.4g
こしょう…………………………少々（0.2g）
オリーブオイル…………………大さじ1（12g）

[作り方]

① 打ち粉をしたまな板に生地を取り出し，上下を返してゴムべらで押えながらガス抜きをし，円形にする。全体にフォークで穴をあけ，めん棒で直径22cmにのばす。

② プチパンのプロセス③～④を行う。

③ 上のクッキングシートとキッチンペーパーを外し，生地にトマトソースを塗り，7～8mm厚の輪切りにしたトマトをのせ，塩，こしょうを振る。チーズの半量，サラミソーセージ，残りのチーズとパセリをのせ，オリーブオイルをかける。

④ 200℃に温めたオーブンの上段で10～12分，チーズが溶けて生地がきつね色になるまで焼く。

8　カレーパン　　電子レンジ発酵パン

1個分242kcal／塩分0.9g

[材料] 4個分

基本のパン生地………………… 1単位（180g）
Ａ〈カレーあん〉
　┌ レトルトカレー……………… 1/2袋（100g）
　│ 強力粉…………………………… 小さじ2（6g）
　└ 豆板醤…………………………… 小さじ2（12g）
打ち粉用の強力粉…………………… 適量（20g）
溶き卵…………………………………………… 20g
パン粉…………………………………………… 20g

揚げ油………………………………………… 適量
[作り方]
① Ａのカレーあんは，耐熱ボウルにカレー，強力粉，豆板醤を入れて混ぜ，両端を少しずつあけてラップをかけ，電子レンジ600Wで2分30秒加熱する。取り出して混ぜ，ボウルごと冷水で冷ます。
② まな板に打ち粉をして生地をのせ，ゴムべらで押さえてガス抜きし，4等分して丸め，めん棒で直径10cmの円形にのばす。Ａを4等分にしてのせ，生地の縁を持ち上げて，カレーの上でつまんで閉じる。中央から左右にむけて，生地をしっかり留め，手のひらで押さえて木の葉形に整える。
③ ②に溶き卵，パン粉をつける。
④ フライパンに揚げ油を1〜1.5cm深さ注ぎ，少し温まったら（140℃），生地を並べ入れる。火は強火にし，まめに上下を返しながら，2倍にふくらみ，きつね色になるまで揚げる。

9　ドーナツ　　電子レンジ発酵パン

1個分134kcal／塩分0.2g

[材料] 2人分

基本のパン生地………………… 1単位（180g）
打ち粉用の強力粉…………………… 適量（20g）
揚げ油………………………………………… 適量

砂糖……………………………………… 大さじ2（18g）
粉砂糖…………………………………… 大さじ1（9g）
[作り方]
① まな板に打ち粉をして生地をのせ，ゴムべらで押さえてガスを抜き，6等分して丸める。
② 両手で細長くのばし，左右をひっぱり，中央から折って組紐のようにねじり，両端を指でつまんで留める。
③ フライパンに揚げ油を1〜1.5cm深さ注ぎ，少し温まったら（140℃），②を入れる。火は強火で，2倍の大きさにふくらみ，上下を返しながらきつね色になるまで揚げ，油を切る。
④ 紙袋に砂糖と粉砂糖を入れ，③のドーナツを入れて口を閉じて振る。

9. デザート

1　豆乳ヨーグルト

全量373kcal／塩分0.6g

　豆乳ヨーグルトの材料に使う豆乳は，大豆固形分9％以上のものが望ましい。大豆固形分の比率が下がると，ヨーグルト状に凝固するまでの時間がよけいにかかり，また豆乳から摂取するたんぱく質の量も減少する。逆に，大豆固形分が9％以上の豆乳で作れば，ヨーグルト状になる時間も短縮され，味も濃厚で美味である。

[材料] 出来上がり585g

　　豆乳……………………………………500mL
　　動物性ヨーグルト（市販品）*…………60g

[作り方]

①　耐熱容器に豆乳を注ぎ，電子レンジ600Wで3分加熱する。これで40℃前後になり，乳酸菌が繁殖しやすい温度帯になる。

②　①に市販のヨーグルトを加えて混ぜ，ふたをして，室温にて冬は2時間，夏は1時間おく*。

③　絹ごし豆腐状に固まれば出来上がり。

＊植物性種菌を使った場合より，発酵にかかる時間は短縮される。

※冷蔵庫で1週間保存できる。

2　豆乳ヨーグルトゼリー

1個分104kcal／塩分0.1g

　昔から「畑の肉」といわれる大豆には，植物性たんぱく質が豊富に含まれている。最近の研究では，毎日の食事で大豆たんぱく質を取り入れると，筋力がアップすることがわかってきた。豆乳であれば240mLに該当し，豆乳ヨーグルトで取れば乳酸菌の働きも加わり，腸内環境を整え，免疫力アップの効果も期待できる。

[材料] 90mL容器6個分

　　豆乳ヨーグルト………………………585g
　　粉ゼラチン…………………………1袋（5g）
　　冷水……………………大さじ2（30mL）
　　レモン汁………………大さじ1（15g）
　　砂糖……………………………………60g

[作り方]

①　小さめの耐熱容器（90mL程度のもの）に冷水を入れ，粉ゼラチンを加えて混ぜ，2分おき，ラップをかけずに電子レンジ600Wで20秒加熱して溶かす。

②　豆乳ヨーグルトに①，レモン汁，砂糖を加えて混ぜ，容器に流し，一晩冷蔵庫で冷やす。

3　プリン

1個分123kcal／塩分0.2g

アルミ箔を利用すると，プリンをなめらかに加熱できる。

[材料] 150mLの容器2個分

牛乳………………………1/2カップ（100mL）

Ⓐ

「卵……………………………………1個（50g）

砂糖………………………大さじ2（18g）

└バニラエッセンス…………2〜3滴（0.02g）

メープルシロップ………………小さじ2（12g）

[作り方]

① ボウルにⒶを入れて泡立て器でなめらかに溶き，牛乳を加えて混ぜる。茶こしでこし，150mL容量の耐熱ガラスカップ（直径7×高さ6cm程度のもの）2個に等分に流し入れ，それぞれにぴったりとラップをかける。

② 10cm角のアルミ箔を2枚用意し，①のカップそれぞれにかぶせてカップの口の輪っかを映しとり，それより2cmほど大きく円形に切る。中央も直径4cmほど丸くくり抜き，①にかぶせる。

③ 電子レンジ600Wで1分加熱する。残りも同様にする。食べるときに，メープルシロップをかける。

4　パンナコッタ

1個分235kcal／塩分0.3g

[材料] 150mLのプリン型4個分

粉ゼラチン……………………1パック（5g）

冷水………………………大さじ3（45mL）

Ⓐ

「生クリーム………………1カップ（200mL）

└牛乳……………………1/2カップ（100mL）

「バニラエッセンス……………少々（0.02g）

└砂糖………………………大さじ2（18g）

いちご………………………………………20個

メープルシロップ……………大さじ4（72g）

[作り方]

① 小さめの耐熱ボウルに冷水を入れ，粉ゼラチンを振り入れて，菜箸で軽く混ぜ，2分おいてふやかす。ラップをかけずに電子レンジ600Wで20秒加熱して溶かす。

② ボウルにⒶを入れ，①のゼラチンを加えて混ぜる。

③ 型にサラダ油（分量外）を塗り，②を流し入れ，冷蔵庫で2時間ほど冷やし固める。

④ 型から取り出して皿に盛る。

⑤ いちごはへたを取って2つに切り，パンナコッタのまわりに置き，メープルシロップをかける。

5　いちご大福

1個分137 kcal／塩分0 g

[材料]　6個分

白玉粉…………………………………60 g
水………………………………… 100 mL
Ａ
┌ 上新粉…………………………………60 g
└ 水………………………………… 100 mL

サラダ油……………………… 小さじ1（4 g）
砂糖……………………………… 大さじ1（9 g）
つぶあん（市販品，加糖）………………… 120 g
いちご…………………… 6個（120〜150 g）
打ち粉用のかたくり粉………… 適量（30 g程度）

[作り方]

① 耐熱ボウルに白玉粉を入れて水を加え，泡立て器で混ぜ，白玉粉のつぶがなくなるまでおく。Ａを加え，泡立て器で混ぜる。

② ふんわりとラップをし，電子レンジ600 Wで3分加熱する。

③ まな板に打ち粉を振って②をのせ，6等分して丸め，ひとつずつ直径6〜7 cmに丸くのばす。

④ ③を手のひらに取り，へたを取ったいちごを逆さに置き，丸めたつぶあんをのせ，まわりの生地を寄せて包んで上下を返す。

6　いちごジャムのスポンジケーキ

全量341 kcal／塩分0.2 g

[材料]　直径12 cmの丸型1個分

卵………………………………… 1個（50 g）
砂糖…………………………… 大さじ3（27 g）
バニラエッセンス……………… 少々（0.02 g）
薄力粉………………………… 大さじ3（27 g）
いちごジャム……… 大さじ1〜2（18〜36 g）
粉砂糖……………………………… 適量（5 g）

[作り方]

① 直径14×高さ11 cmの樹脂製ボウルを用意し，底の大きさに合わせてクッキングシートを敷く（型に油は塗らない）。

② ボウルに卵，砂糖，バニラエッセンスを入れ，湯せんで，ハンドミキサーの高速で1分泡立てる。全体が4倍にふくれたら，湯せんを外し，さらに1分泡立てる。

③ ②に薄力粉の半量をふるって加え，泡立て器で混ぜる。残りの薄力粉を加えてさっくりと混ぜ，①の型に流す。

④ 耐熱皿にのせてふんわりとラップをかけ，電子レンジ弱キー（150〜200 W）または解凍キーで5分加熱する。

⑤ 型を15 cm上からストンと落とす。型から出して器にのせ，いちごジャムをかけ，粉砂糖をふるいかける。

7　カスタードクリーム

全量1029kcal／塩分0.5g

　電子レンジで，ダマにならないカスタードクリームを作る。

[材料] 出来上がり500mL（600g分）

　Ａ

　┌薄力粉……………………………大さじ4（36g）

　└砂糖………………………………………100g

　卵黄………………………………4個分（60g）

　牛乳………………………………………400mL

　バニラエッセンス………………少々（0.02g）

[作り方]

①　耐熱ボウルにⒶをふるい入れ，卵黄と牛乳大さじ1（15mL）分を加えて混ぜ，クリーム状になったら，残りの牛乳とバニラエッセンスを加えて混ぜる。

②　両端を少しずつあけてラップをかけ，電子レンジ600Wで4分加熱する。

③　取り出して混ぜ，ラップをもどしてさらに電子レンジで4分加熱する。

④　最後に混ぜ，粗熱がとれるまでおく。

8　シュークリーム

1個分256kcal／塩分0.2g

[材料] 直径8cmのもの12個分

　薄力粉……………………………大さじ5（45g）

　Ａ

　┌水…………………………………………100mL

　├バター（無塩）…………………大さじ4（48g）

　└塩…………………………………少々（0.2g）

　卵（Lサイズ）……………………2個（120g）

　カスタードクリーム………………………600g

カスタードクリーム

[作り方]

①　耐熱ボウルにⒶを入れ，両端を少しずつあけてラップをかけ，電子レンジ600Wで2分30秒加熱する。

②　沸騰してきたら取り出し，薄力粉をふるって加え，泡立て器で勢いよく混ぜる。

③　溶き卵を少しずつ②に加えながら，ハンドミキサーの低速で混ぜ，全量加える。

④　直径1cmの口金をつけた絞り出し袋に③を入れ，クッキングシートを敷いた天板に直径5cmの生地を12個絞り，指に水を付け上を押さえる。

⑤　200～220℃のオーブンの中段で20～25分焼く。2倍にふくらみ，バターの泡が消えたら，160℃に下げてきつね色になるまで約15分焼く。火を止め，オーブン内に30分おく。

⑥　シューの上1/3を切り，星型口金をつけた絞り出し袋にカスタードクリームを詰めて本体に絞り込み，上側のシューをのせる。

9　フルーツゼリー

1個分133kcal／塩分0g

［材料］150mLのプリン型2個分

粉ゼラチン……………………1/2袋（2.5g）
冷水………………………大さじ2（30mL）
フルーツミックス（缶）………1カップ（120g）
ミントの葉………………………少々（0.5g）
Ⓐ
「フルーツミックス缶の汁……100mL（105g）
水…………………………………………50mL
砂糖………………………大さじ2（18g）
バニラエッセンス………………少々（0.02g）

［作り方］

① 小さめの耐熱ボウルに冷水を入れ，粉ゼラチンを加えて混ぜ，2分おく。ラップをかけないで電子レンジ600Wで20秒加熱して溶かす。

② ボウルにⒶを合わせ，①を加えて混ぜ，ボウルの底を氷水につけて冷ます。

③ 軽くとろみが付いたら，水でぬらした容器2個に②をそれぞれ大さじ1ほど流し，汁気を切ったフルーツミックス少々をのせる。再び，②を流してフルーツミックスをのせる。これを数回繰り返し，全部入ったら冷蔵庫で冷やす。

④ 食べるときに，ミントの葉をのせる。

10　黒糖かん

1ピース分60kcal／塩分0.1g

電子レンジで寒天を溶かし，酢を加えてすっきりした甘味に仕上げる。

［材料］7.5×11.5×5cm程度の流し箱1個分

粉寒天……………………………小1袋（2g）
水…………………………………………100mL
黒砂糖（粉）…………………………………100g
米酢………………………………大さじ1（15g）
（ローズマリーの花………………………適量）

［作り方］

① 少し大きめの耐熱ボウルに水を入れ，粉寒天を加えて混ぜる。ラップはかけずに，電子レンジ600Wで1分加熱する。

② 取り出して，黒砂糖を加えて混ぜる。ラップはかけずに，電子レンジで1分加熱する。あと2回，1分ずつ加熱して，そのつど混ぜる。

③ 取り出して，米酢を加えて混ぜる。氷水をはったバットにのせて冷やし，とろみが付いたら流し箱に流して冷蔵庫で冷やし固める。

④ 固まったら取り出して，等分に切り分け，器に盛る。あればローズマリーの花を飾る。

生活支援のための利用

1. 電子レンジで離乳食を簡単調理

電子レンジは，離乳食のように少量の材料を調理するのに適している。電子レンジ調理の特長を生かした，簡単で手軽な，しかも身体にやさしい離乳食の作り方を紹介する。

●手間ひまかけた離乳食調理は，忙しい家庭には向かない

離乳期の子どもをもつ親御さんは，毎日が忙しいことだろう。仕事や家事をこなしつつ，育児にかかる時間も大切にしたい時期である。できるだけ時間をかけずに離乳食の調理を行うことは，離乳を進めていく上でも大事なポイントになる。

最近は，0歳児の頃から赤ちゃんを保育園に預けて共働きする家庭も増えている。両親ともに多忙であれば，なおさら，調理に手間ひまかけることは難しくなる。ふたを開ければすぐに食べられるようなベビーフードもたくさんあるが，それだけに頼ることは，栄養の面からも，費用の面からもけっして望ましいこととはいえない。離乳食の電子レンジ調理は，多忙な家庭にぴったりである。

●赤ちゃんの離乳段階に合わせた形の離乳食を作る

本節の離乳食レシピのほとんどは加熱時間が約30秒と短い。そのため，通常の調理よりも栄養成分の損失も抑えることができる。

栄養面への注意とともに，離乳食は，赤ちゃんの噛む力，飲み込む力に合わせた形に整える必要がある。材料をつぶしたり，すりおろしたりするには，離乳食用の調理器具を用いるとよい。扱いやすく，少量の調理に適している。また，少量の材料を測るには，電子スケールが便利である。

あると便利な調理器具

電子スケール

離乳食用の調理器具

すり鉢とすり棒

おろし板

果汁しぼり

●離乳食の基本調理

離乳食作りでは難しい調理テクニックは必要としない。

① 刻む

赤ちゃんの食べやすい大きさに刻むほか，すりつぶしたり，裏ごししたりする前の下ごしらえとして食材を刻むことも多い（写真は，上が乱切り，下が色紙切り）。

じゃが芋などは，刻んでから加熱する。ほうれん草などの葉もの野菜は，加熱した後に細かく刻む。

② あえる

かぼちゃなど，加熱しただけではボソボソして食べにくい食材は，水分の多い食材などとあえて食べやすくする。

甘味のあるかぼちゃやさつまいもなどを，ヨーグルトであえたメニューは，赤ちゃんの好物である。

③ のばす

ゆでて刻んだり，つぶしたりした材料をすり鉢に入れ，水分を加え，すり棒やスプーンですりつぶしながら，なめらかにのばす。

④ すりおろす

にんじんや大根は，生のままおろし板ですりおろす。必要があれば水分や調味料などを加え，電子レンジ加熱を行う。

離乳の初期や中期では，さらに水分を足し，すり鉢ですりつぶして，とろとろ，べたべたになるよう調理するとよい。

⑤ すりつぶす

根菜や葉野菜は，軟らかくゆでたり，刻んだりしてからすりつぶすと調理しやすい。

肉類は，ひき肉よりも刻んだ薄切り肉のほうがすりつぶしやすい。脂肪を取り除いた赤身の部位を使用する。

1　主食の作り方（おかゆ，パンがゆ，うどん）

（1）おかゆ

初　期　とろとろおかゆ

〔初期（とろとろゴックン期）：生後5〜6か月〕

[材料]　出来上がり60g

ご飯······················小さじ2（10g）

水······················1/4カップ（50mL）

[作り方]

① 耐熱容器にご飯と水を入れ，ふんわりとラップをかけ，電子レンジ600Wで1分加熱する。取り出して，10分蒸らす。

② 茶こしでご飯と湯を分け，ご飯をすり鉢ですりつぶし，湯をもどしてのばす。

中　期　べたべたおかゆ

〔中期（べたべたモグモグ期）：生後7〜8か月〕

[材料]　出来上がり50g

ご飯······················大さじ1（15g）

水······················大さじ3（45mL）

[作り方]

「初期　とろとろおかゆ」と同じ。

後　期　おかゆ

〔後期（つぶつぶカミカミ期）：生後9〜10か月〕

[材料]　出来上がり60g

ご飯······················小さじ4（20g）

水······················40mL

[作り方]

① 「初期　とろとろおかゆ」と同じ。

② 茶こしでご飯と湯を分け，ご飯をすり鉢で粗くつぶし，湯をもどす。

完了期　やわらかご飯

〔完了期（ころころパクパク期）：生後11〜12か月〕

[材料]　出来上がり90g

ご飯··············赤ちゃん茶わん1/2杯（50g）

水······················大さじ3（45mL）

[作り方]

耐熱容器にご飯と水を入れ，ふんわりとラップをかけ，電子レンジ600Wで沸騰するまで約1分加熱する。取り出して，そのまま10分蒸らす。

（2）パンがゆ

　離乳の初期・中期はパンがゆを，とろとろやべたべたにして与える。後期以降はそのまま
トーストなどにして与えるが，後期の最初の1か月くらいは，牛乳やスープに浸してから与
えると赤ちゃんが食べやすい。トーストは，赤ちゃんが手づかみで食べる練習にもなる。

●**パンがゆの作り方**：耳を取り除いた食パンを使用する。食パン10gを7mm角に刻む。
耐熱容器に入れ，牛乳60mLを加えて，電子レンジ600Wで30秒加熱する。

初　期　とろとろパンがゆ

〔初期（とろとろゴックン期）：生後5〜6か月〕

[材料]

　パンがゆ………………………… 大さじ1
　牛乳……………………… 大さじ1（15mL）

[作り方]

　パンがゆをすり鉢に入れて，牛乳を加えてと
ろとろにすりつぶす。

中　期　べたべたパンがゆ

〔中期（べたべたモグモグ期）：生後7〜8か月〕

[材料]

　パンがゆ……………………………30g

[作り方]

　パンがゆをすり鉢ですりつぶす。

後　期　カミカミ食パン（参考）

〔後期（つぶつぶカミカミ期）：生後9〜10か月〕

[材料]

　食パン（8枚切り）………………… 1/4枚

[作り方]（電子レンジは使わない）

　食パンは耳を取り除き，軽くトーストし，1cm
幅に切る。スープや牛乳に浸して与える。

完了期　パクパク食パン（参考）

〔完了期（ころころパクパク期）：生後11〜12か月〕

[材料]

　食パン（8枚切り）………………… 1/2枚

[作り方]（電子レンジは使わない）

　食パンをトーストし，半分に切る。ジャムや
バターを塗って与える。

(3) うどん

うどんはゆでうどんを用いる。ソフトな麺を選び，こしの強い麺は避ける。

初　期　とろとろうどん

〔初期（とろとろゴックン期）：生後5〜6か月〕

[材料]
　ゆでうどん……………………………10g
　水……………………………大さじ2（30mL）
[作り方]
　耐熱容器に細かく切ったゆでうどんと水を入れ，電子レンジ600Wで1分加熱する。茶こしでゆで汁とうどんを分け，うどんをすりつぶす。ゆで汁をもどしてとろとろにのばす。

中　期　べたべたうどん

〔中期（べたべたモグモグ期）：生後7〜8か月〕

[材料]
　ゆでうどん……………………………30g
　水……………………………大さじ2弱（20mL）
[作り方]
　耐熱容器に細かく切ったゆでうどんと水を入れ，電子レンジ600Wで2分加熱する。茶こしでゆで汁とうどんを分け，うどんを粗くつぶす。ゆで汁をもどしてべたべたにのばす。

後　期　カミカミうどん（参考）

〔後期（つぶつぶカミカミ期）：生後9〜10か月〕

[材料]
　ゆでうどん……………………………40g
　つゆ……………………………………適量
[作り方]（電子レンジは使わない）
　うどんは短く切る。大人と同じようにつゆをかけて与える。

完了期　パクパクうどん（参考）

〔完了期（ころころパクパク期）：生後11〜12か月〕

[材料]
　ゆでうどん……………………………60g
　つゆ……………………………………適量
[作り方]（電子レンジは使わない）
　うどんは食べやすい長さに切る。大人と同じようにつゆをかけて与える。ゆで卵やてんぷらをコロコロに刻んでのせ，卵うどん，てんぷらうどんにして与えるのもよい。

2　取り分け離乳食の作り方（みそ汁，肉じゃが，コロッケ，カレー，シチュー）

　家族が食べる料理を材料として使った電子レンジ離乳食の調理法を紹介する。市販の惣菜も利用可能である。離乳初期（とろとろゴックン期）の離乳食も作ることができる。

●どのような料理から取り分けられるか

　激辛料理などのように香辛料のたっぷり入ったものや，つくだ煮など塩分のきつい料理は避ける。

　みそ汁や豚汁，けんちん汁などの汁物，肉じゃがやおでんなどの煮物，ぎょうざやとんかつ，コロッケなどの揚げ物なども離乳食の材料になる。

●味を薄めたり，油脂分を取り除くにはどうするか

　大人のメニューは，そのままでは赤ちゃんにとって塩分や油脂分，糖分などが多すぎるため，それらの量が少なくなるように，取り分けた材料を調理する。もともと材料に味が付いているので，離乳初期・中期では，離乳食への味付けは必要ない。

　料理から材料を取り分けたら，水を大さじ２～３（30～45mL）加えて電子レンジで加熱すると，塩分・油脂分などが水（ゆで汁）に溶け出す。これを捨てればよい。離乳後期以降では，材料の味が濃くなければ，水分を捨てずにそのまま与える場合もある。揚げ物は，初期・中期では衣を外して使用する。

●離乳食の固さの調節はどうすか

　電子レンジで加熱後，材料をすりつぶしたり，刻んだりして離乳期に合わせた形状にする。調理済みのメニューから作ると，固さの調節も容易にできる。

（1）豆腐とわかめのみそ汁

初 期　とろとろ豆腐

〔初期（とろとろゴックン期）：生後5〜6か月〕

[取り分ける材料]

豆腐……………………………………10g

[作り方]

① 耐熱容器に豆腐を入れ，電子レンジ600W で30秒加熱する。茶こしに通してゆで汁は 除く。

② ①をすり鉢に入れてなめらかにすりつぶ し，水大さじ2（30mL）を加えてのばす。

中 期　べたべた豆腐＆わかめ

〔中期（べたべたモグモグ期）：生後7〜8か月〕

[取り分ける材料]

豆腐……………………………………10g

わかめ……………………………………5g

[作り方]

① 耐熱容器に豆腐とわかめを入れ，電子レン ジ600Wで30秒加熱する。茶こしに通して ゆで汁は除く。

② ①をすり鉢ですりつぶし，水大さじ1を加 えてのばす。

後 期　つぶつぶ豆腐とわかめのみそ汁 (参考)

〔後期（つぶつぶカミカミ期）：生後9〜10か月〕

[取り分ける材料]

豆腐……………………………………15g

わかめ……………………………………5g

みそ汁…………………………………大さじ3

[作り方]（電子レンジは使わない）

① 豆腐とわかめを細かく刻み，器に盛る。

② みそ汁を水大さじ2で薄めて①に加え，混 ぜる。

完了期　ころころ豆腐とわかめのみそ汁 (参考)

〔完了期（ころころパクパク期）：生後11〜12か月〕

[取り分ける材料]

豆腐……………………………………20g

わかめ……………………………………5g

みそ汁…………………………………大さじ3

[作り方]（電子レンジは使わない）

① 豆腐とわかめを1cm角に切り，器に盛る。

② みそ汁を水大さじ1で薄めて①に加え，混 ぜる。

(2) 肉じゃが

初 期　とろとろ肉じゃが

〔初期（とろとろゴックン期）：生後 5 ～ 6 か月〕

[取り分ける材料]

じゃが芋⋯⋯⋯⋯⋯⋯⋯⋯⋯⋯15 g

[作り方]

① 　耐熱容器にじゃが芋を入れ，水大さじ 1
（15 mL）を加えて電子レンジ 600 W で 30 秒加
熱する。茶こしに通してゆで汁は除く。

② 　①をすり鉢ですりつぶし，水大さじ 2 を加
えてとろとろにのばす。

中 期　べたべた肉じゃが

〔中期（べたべたモグモグ期）：生後 7 ～ 8 か月〕

[取り分ける材料]

じゃが芋⋯⋯⋯⋯⋯⋯⋯⋯⋯⋯20 g

[作り方]

① 　耐熱容器にじゃが芋を入れ，水大さじ 1 を
加えて電子レンジ 600 W で 30 秒加熱する。
茶こしに通してゆで汁は除く。

② 　①をすり鉢ですりつぶし，水大さじ 1 を加
えてべたべたにのばす。

後 期　つぶつぶ肉じゃが （参考）

〔後期（つぶつぶカミカミ期）：生後 9 ～ 10 か月〕

[取り分ける材料]

じゃが芋⋯⋯⋯⋯⋯⋯⋯⋯⋯⋯20 g

牛肉（脂身を除く）⋯⋯⋯⋯⋯⋯15 g

[作り方]（電子レンジは使わない）

① 　じゃが芋は 5 mm 角に切る。

② 　牛肉は細かくほぐし，①と合わせて器に盛
る。

完了期　ころころ肉じゃが （参考）

〔完了期（ころころパクパク期）：生後 11 ～ 12 か月〕

[取り分ける材料]

じゃが芋⋯⋯⋯⋯⋯⋯⋯⋯⋯ 1 個（30 g）

牛肉（脂身を除く）⋯⋯⋯⋯⋯⋯20 g

[作り方]（電子レンジは使わない）

　じゃが芋と牛肉は 1 cm 角に切り，合わせて
器に盛る。

(3) コロッケ （付け合わせ／せん切りキャベツ，トマト）

初　期　とろとろコロッケ

〔初期（とろとろゴックン期）：生後5～6か月〕

[取り分ける材料]

　コロッケ（衣は除く）……………小さじ2（10g）

[作り方]

① 耐熱容器にコロッケと水大さじ2（30mL）を入れ，電子レンジ600Wで30秒加熱する。

② 茶こしでゆで汁をこし，具をすり鉢ですりつぶし，水大さじ2を加え，とろとろにのばす。

中　期　べたべたコロッケ

〔中期（べたべたモグモグ期）：生後7～8か月〕

[取り分ける材料]

　コロッケ（衣は除く）……………………20g

[作り方]

① 耐熱容器にコロッケと水大さじ1を入れ，電子レンジ600Wで30秒加熱する。

② 茶こしでゆで汁をこし，具をすり鉢ですりつぶし，水大さじ1を加え，べたべたにのばす。

後　期　つぶつぶコロッケ

〔後期（つぶつぶカミカミ期）：生後9～10か月〕

[取り分ける材料]

　コロッケ…………………………………25g
　キャベツ…………………………………10g

[作り方]

① コロッケは衣つきのまま粗く刻む。

② キャベツは耐熱容器に入れ，電子レンジ600Wで10秒加熱する。冷まして細かく刻み，①に添える。

完了期　ころころコロッケ

〔完了期（ころころパクパク期）：生後11～12か月〕

[取り分ける材料]

　コロッケ……………………………1個（40g）
　キャベツ…………………………………20g
　トマト……………………………………少々

[作り方]

① キャベツは耐熱容器に入れ，電子レンジ600Wで20秒加熱する。

② トマトは種を取り，細かく刻む。

③ 器にコロッケ，①，②を盛り，食べやすく切って与える。

（4）ビーフカレー（甘口）

初期　とろとろカレー

〔初期（とろとろゴックン期）：生後5〜6か月〕

[取り分ける材料]

じゃが芋……………………………………10g

[作り方]

① 耐熱容器にじゃが芋と水大さじ2を入れ，電子レンジ600Wで30秒加熱する。

② ゆで汁を除いた具をすり鉢ですりつぶし，牛乳大さじ1（15mL）を加え，とろとろにのばす。

中期　べたべたカレー

〔中期（べたべたモグモグ期）：生後7〜8か月〕

[取り分ける材料]

じゃが芋……………………………………10g

牛肉（脂身は除く）…………………………5g

にんじん……………………………………5g

[作り方]

① 耐熱容器にじゃが芋，牛肉，にんじん，水大さじ2（30mL）を入れ，電子レンジ600Wで30秒加熱する。

② ゆで汁を除いた具をすり鉢ですりつぶし，牛乳大さじ1を加え，べたべたにのばす。

後期　つぶつぶカレー

〔後期（つぶつぶカミカミ期）：生後9〜10か月〕

[取り分ける材料]

じゃが芋……………………………………10g

牛肉（脂身は除く）…………………………10g

にんじん……………………………………10g

[作り方]

① じゃが芋，牛肉，にんじんは7mm角に切る。

② 耐熱容器に①と水大さじ2を入れ，電子レンジ600Wで30秒加熱する。

完了期　ころころカレー

〔完了期（ころころパクパク期）：生後11〜12か月〕

[取り分ける材料]

じゃが芋……………………………………20g

牛肉（脂身は除く）…………………………20g

にんじん……………………………………10g

カレーのソース…………………………小さじ1

[作り方]

① じゃが芋，牛肉，にんじんは1.5cm角に切る。

② 耐熱容器に①，水大さじ1，カレーのソースを入れ，電子レンジ600Wで30秒加熱する。

(5) ホワイトシチュー

初　期　とろとろシチュー

〔初期（とろとろゴックン期）：生後5〜6か月〕

[取り分ける材料]

　鶏肉（皮なし）……5g，じゃが芋……10g，
にんじん……5g

[作り方]

① 耐熱容器に鶏肉，じゃが芋，にんじん，水
　大さじ2（30mL）を入れ，ラップをかけ，電
　子レンジ600Wで30秒加熱する。

② ゆで汁を除いた具をすり鉢ですりつぶし，
　水大さじ2を加え，とろとろにのばす。

中　期　べたべたシチュー

〔中期（べたべたモグモグ期）：生後7〜8か月〕

[取り分ける材料]

　鶏肉（皮なし）……5g，じゃが芋……10g，
にんじん……5g

[作り方]

① 耐熱容器に鶏肉，じゃが芋，にんじん，水
　大さじ2を入れ，ラップをかけ，電子レンジ
　600Wで30秒加熱する。

② ゆで汁を除いた具をすり鉢ですりつぶし，
　水大さじ1を加え，べたべたにのばす。

後　期　つぶつぶシチュー

〔後期（つぶつぶカミカミ期）：生後9〜10か月〕

[取り分ける材料]

　鶏肉（皮なし）……5g，じゃが芋……10g，
にんじん……5g，グリーンピース……2粒，
シチューのソース……大さじ1

[作り方]

　鶏肉，じゃが芋，にんじん，グリーンピース
を粗みじん切りにして，耐熱容器に入れ，水
大さじ1，シチューのソースを加えてラップ
をかけ，電子レンジ600Wで30秒加熱する。

完了期　ころころシチュー

〔完了期（ころころパクパク期）：生後11〜12か月〕

[取り分ける材料]

　鶏肉（皮なし）……25g，じゃが芋……10g，
にんじん……10g，グリーンピース……2粒，
シチューのソース……大さじ2

[作り方]

　鶏肉，じゃが芋，にんじんを1cm角に切り，
耐熱容器に入れ，グリーンピース，水大さ
じ1，シチューのソースを加えてラップをかけ，
電子レンジ600Wで1分加熱する。

2. 生活習慣病予防・改善のための食事

生活習慣のひとつである食習慣の乱れが，糖尿病，肥満，脂質異常症，高尿酸血症（痛風），循環器病など生活習慣病を引き起こす要因となっていると考えられている。中でも内臓脂肪型の肥満は，他の生活習慣病にも関わりが深い。

もともと脂肪細胞は，飢餓に備えて栄養を蓄えておくためのものと考えられてきた。近年，研究が進み，脂肪細胞はさまざまなホルモンを分泌して，他の細胞を調整する働きにも関わっていることがわかってきた。内臓脂肪が蓄積すると，脂肪細胞は肥大・増殖してホルモンの異常分泌が起きるが，これが生活習慣病を誘発，悪化させる要因にもなっている。現在，脂肪細胞は内分泌臓器のひとつであるとされている。

このように生活習慣病は食習慣に大きく関わっているといえる。いかにおいしく，毎日3食をコンスタントに食べるかが，生活習慣病予防・改善へ向けての第一歩ではないだろうか。

●生活習慣病の予防・改善のために大切なこと

いわゆる「油」を多く使う料理に，肉じゃが，カレー，青椒肉絲，エビチリ，麻婆豆腐などがあるが，電子レンジ調理では，具材の肉や魚，野菜などの量はそのままに，油は風味付け程度の量に抑えることができる。油は脂質であり，その過剰摂取はエネルギーの過剰摂取となるため注意が必要である。「油」は一例であるが，食べることをとおして生活習慣病の予防・改善のために，何が大切なことかを考えていきたい。

① 必要なエネルギー摂取量を守る

身体活動レベルに応じた，1日に必要なエネルギー摂取量を守ることが大切である。

人間は横になっているだけでも，「呼吸をする」「体温を保つ」「肺や心臓などの臓器を動かす」など，生きるためにエネルギーを消費する。この最小限必要な消費エネルギーを「基礎代謝量」といい，成人で1日当たり1,400kcalである。加えて，デスクワークや食事，移動のために少なく見積もっても200kcal必要で，1日当たり1,600kcalのエネルギーは最低限必要である。以前は，1日1,200kcalや1,400kcalなど極端なエネルギー制限も行われていたが，現在，生活習慣病予防・改善のための食事でも，1日1,600kcalは維持することが望ましいとされている。

② 主食の炭水化物を必ず取る

脳が使える唯一のエネルギー源はブドウ糖である。これは，脳には「脳関門」という関所のようなものがあり，ブドウ糖以外のものを脳内に入れない仕組みがあるためである。

【参考】約200kcalの主食

ご飯120g＝202kcal

食パン（6枚切り）1と1/3枚＝200kcal

ゆでそば153g＝202kcal

ブドウ糖の多くは，炭水化物が体内で分解されて作られている。

　たとえ身体を全く動かさない状態であっても，脳は1日120gほどのブドウ糖を必要とする。「糖質オフダイエット」と呼ばれる炭水化物を極端に制限するダイエット法もあるが，脳細胞が壊死しないように，人体には「糖新生」という機能が備わっており，体内の炭水化物が枯渇しても，脂質やたんぱく質をC（炭素），H（水素），O（酸素）に分解してブドウ糖を合成して脳に送ることができる。

　1日3回食事では，主食は1食当たり最低200kcal摂取すると，身体に負担をかけない方法で無理なく正常な生活ができる。

③　食物繊維を十分に取る

　人間の免疫細胞の70〜80%は腸にあるといわれている。腸内細菌を育て，腸内フローラを最良の状態に整えるために，食物繊維は1日に18〜20gを目安に摂取する。

④　噛みごたえを残す調理

　料理をよく噛んで食べると，唾液の分泌がよくなる。料理の噛みごたえは大事である。噛む振動が脳に伝わり，消化酵素の分泌を促し，食事をおいしく味わうことができる。料理の噛みごたえは，食材選びと火の入れ方が関係している。

⑤　食べる順序を守る

　まず，食物繊維やビタミン，ミネラル，ファイトケミカルが豊富な野菜を食べる。エネルギー値が低いので，血糖値の急激な上昇を抑える。次に，身体の筋肉や内臓を作る肉や魚などのたんぱく質食品を食べ，最後に，エネルギー源のご飯やパン，麺などの主食を食べる。

⑥　たんぱく質食品は1回の食事で100g

　2011〜2012年春，国立環境研究所客員研究員の児林聡美氏が行った調査「女性3世代研究」*で，たんぱく質摂取量と虚弱の関連が発表された。

・高齢者は若い人に比べ，筋肉の分解が起こりやすいため，必要なエネルギーが少なくなっても，たんぱく質は若いころと同じように摂取したほうがよい。

・たんぱく質の摂取量が減少すると身体の動きが悪くなり，疲れやすくなり，急に体重が落ちたりすることになる。重症化すると日常生活を送る上で支障が出てくる。

・1日当たりのたんぱく質摂取量は60歳代の女性で70gが境界となることが，児林氏の調査で読み取れる。

　たんぱく質と，たんぱく質食品との違いを説明する。例えば，赤身肉の代表，牛もも肉100gに含まれるたんぱく質量は20.2gである。

　1日70gのたんぱく質を，たんぱく質食品に換算すると350gになる。国民健康・栄養調査の結果から，穀類や野菜類など非たんぱく質食材から摂取されているたんぱく質は約18gとなる。それを差し引くと，1回の食事でたんぱく質食品100gを取れば，1日に必要なたんぱく質が摂取できる。

＊2011年と2012年の春，全国35都道府県の栄養士・管理栄養士養成校85校の新入生とその母親，祖母の各7,000人，合計2万1,000人を対象に実施した大規模な栄養疫学研究である。対象者に食習慣と生活習慣を尋ねる2種類の質問票の回答より，食事と健康状態の関連を明らかにしたもの。

1　豚しゃぶ　　　　　200kcal以内の主菜

1人分196kcal／塩分0.9g

　たんぱく質食材と野菜が取れる一品。長ねぎの上に豚肉をのせて加熱することで，風味よく仕上がり，肉の噛みごたえを残した調理法となっている。

[材料]　1人分

　豚もも肉（しゃぶしゃぶ用薄切り）…………100g

　長ねぎ………………………………1本（100g）

Ⓐ*

[
　りんごジャム………………………… 大さじ1
　ポン酢しょうゆ……………… 小さじ2（10g）

[作り方]

① 　長ねぎの白い部分は幅1cmの斜め切り，緑色の部分は斜め薄切りにする。

② 　耐熱ボウルに①を入れ，豚肉を重ならないように並べてのせ，ふんわりとラップをする。電子レンジ600Wで4分加熱する。

③ 　器に豚肉と長ねぎをひと重ねずつ盛り，別皿にⒶを入れて添え，付けて食べる。

* 　Ⓐの代わりに「のりおろしたれ」にしてもよい。

　大根おろし………………………… 大さじ1
　めんつゆ（3倍濃縮）……………… 大さじ1（18g）
　水……………………………… 大さじ1（15mL）
　きざみのり………………………… 大さじ1

2　シュウマイ　　　　　200kcal以内の主菜

1人分204kcal／塩分0.7g

[材料]　1人分

　豚ひき肉（赤身）………………………100g

　シュウマイの皮………………………… 5枚

　生しいたけ……………………………… 1枚

　長ねぎ………………………………… 5cm

　にんじん（みじん切り）…………… 大さじ1

Ⓐ

[
　片栗粉………………………… 小さじ1（3g）
　鶏がらスープのもと（顆粒）…… 小さじ1/4
　こしょう…………………………… 少々（0.2g）
　グリーンピース（水煮）……………………… 5個

[作り方]

① 　生しいたけは石突きを除いてみじん切りに，長ねぎもみじん切りにする。

② 　豚ひき肉に①とにんじん，Ⓐを加えて混ぜ，5等分して丸める。

③ 　シュウマイの皮1枚に②をのせ，皮の四隅を立てて包み，グリーンピースをのせる。残りも同様に作る。

④ 　耐熱容器（20×14×深さ9cm）に水1/2カップ（100mL）を注ぎ，ひとまわり小さな容器に③を並べて入れ，ラップをかけ，電子レンジ600Wで3分加熱する。

3　きのこハンバーグ　200kcal以内の主菜

1人分200kcal／塩分1.2g

　生活習慣病予防・改善のための献立は，1食あたり100gのたんぱく質食材を取るように組み立てる。体力の減退，ひいてはフレイルの進行の予防につながる。

[材料] 1人分

牛ひき肉（赤身）··································100g

しめじ*··40g

A

┌ 焼き肉のたれ·······················大さじ1
│ パン粉·······························大さじ1
└ 片栗粉·····················小さじ1（3g）
中濃ソース··················小さじ2（12g）

[作り方]

① しめじは石突きをつけたまま，幅1cmに刻む。

② 牛ひき肉にAを加えて混ぜ，①を加えてハンバーグ状にする。

③ クッキングシートを敷いた皿に②をのせてふんわりとラップをかけ，電子レンジ600Wで3分加熱する。

④ 器に盛り，中濃ソースをかける。

* きのこは，えのきたけ，生しいたけ，なめこ，まいたけ，マッシュルームなどでもよい。

4　ヒジキと切り干し，ねぎのサラダ　50kcal以内の食物繊維たっぷりの副菜

1人分50kcal／塩分0.8g

　ヒジキに豊富に含まれる食物繊維で腸内環境を整える。

[材料] 1人分

ヒジキ（乾）··5g
切り干し大根··5g
長ねぎ···8g

A

┌ 酢···························小さじ1（5g）

┌ しょうゆ·····················小さじ1（6g）
│ 塩··························少々（0.2g）
│ こしょう··················少々（0.05g）
│ ごま油················小さじ3/4（3g）
└ 水·······················小さじ1（5mL）
パセリ（みじん切り）··························少々

[作り方]

① 耐熱ボウルにヒジキを入れ，水100mL（分量外）を注ぐ。両端を少しあけてラップをし，電子レンジ600Wで1分加熱する。取り出してざるに上げ，水でゆすいで水気を切る。

② 耐熱ボウルに切り干し大根と水大さじ2（30mL，分量外）を入れ，両端を少しあけてラップをし，電子レンジ600Wで30秒加熱し，水気を切る。

③ 長ねぎは縦に切り目を入れて開き，繊維に沿ってせん切りにし，水に放してざるに上げる。

④ ①，②，③をAであえ，パセリを振る。

5　なすとしめじのソテー　| 50kcal以内の食物繊維たっぷりの副菜

1人分48kcal／塩分0.2g

生活習慣病の予防・改善には，食後血糖値を上げないことが原則となる。なすとしめじをにんにくの香りでソテー風に仕上げた料理は，噛みごたえもあり，ゆっくりと食べることができるため，血糖値の上昇がゆるやかになる。腸内環境を整える食物繊維も豊富に含んでいる。

[材料]　1人分

なす……………………………………100g
しめじ…………………………………50g

Ⓐ

おろしにんにく…………小さじ1/4（1g）
塩，こしょう………………………各少々
サラダ油…………………小さじ2/3（2.7g）

[作り方]

① 　なすはヘタを落として皮を縞状にむき，幅1cmの輪切りにする。しめじは石突きを取って長さ1cmに切る。
② 　耐熱ボウルに①を入れ，水大さじ1（15mL，分量外）を加え，両端を少しあけてラップをし，電子レンジ600Wで3分加熱する。
③ 　取り出して湯を切り，Ⓐを加えて混ぜる。

◎2食分（作り置き）の場合

材料，調味料ともに倍量にする。加熱時間も2倍の6分にする。

6　きのこのおろしあえ　| 50kcal以内の食物繊維たっぷりの副菜

1人分48kcal／塩分0.6g

まいたけに含まれるグリフォラン（β-グルカンの一種）は，免疫機能を活性化する働きがあり，生活習慣病予防に貢献する。しめじにはβ-グルカンのほかにヌメリ成分のムチンを含んでいて，ムチンには胃腸の保護やたんぱく質の分解を促進する働きがある。しめじをほぐし

て加熱することにより，ムチンが溶け出しやすくなる。

[材料]　1人分

まいたけ………………………………80g
しめじ…………………………………80g
大根……………………………………50g

Ⓐ

酢…………………………小さじ1/2（2.5g）
しょうゆ…………………小さじ1（6g）
砂糖………………………小さじ1/2（1.5g）

[作り方]

① 　まいたけとしめじは石突きを取って大きくほぐし，耐熱ボウルに入れ，ラップをかけて電子レンジ600Wで2分加熱する。
② 　大根はおろして軽く水気を切り，Ⓐを加えて混ぜ，①を加えてあえる。

7　トマトと卵のスープ　　　50kcalの汁物

1人分52kcal／塩分1.0g

卵に多く含まれるコリンには認知症予防の効果が期待できる。

沸点近くまで熱したトマトと小松菜のスープに，溶き卵を加えてまろやかさを添え，余熱で固める。電子レンジでは，1人分の汁物が容器ひとつで簡単に調理できる。

[材料] 1人分

トマト	40g
小松菜	10g
卵	1/2個（25g）
水	150mL
鶏がらスープのもと（顆粒）	小さじ1/4
しょうゆ	小さじ2/3（4g）

[作り方]

① トマトはヘタを取って乱切り，小松菜は幅1cmに切る。

② マグカップに水，スープのもと，しょうゆを入れ，①を加え，ラップをかけずに耐熱の受け皿にのせ，電子レンジ600Wで3分加熱する。

③ 取り出して，溶き卵を加え，固まるまでおく。

8　牛肉と大根の韓国風スープ　　　50kcalの汁物

1人分45kcal／塩分1.2g

少量だが，牛肉を加えてたんぱく質を補う。

[材料] 1人分

牛もも肉（薄切り）	15g
大根	50g
水	150mL

A

鶏がらスープのもと（顆粒）	小さじ1/4
ごま油	小さじ1/4（1g）
しょうゆ	小さじ1（6g）

[作り方]

① 牛肉は幅1cm，長さ5cmに切り，大根も幅1cm，長さ5cmの短冊切りにする。

② マグカップに水とA，①を入れ，ラップはかけずに耐熱の受け皿にのせ，電子レンジ600Wで3分加熱する。

3. 保存食 （ジャム，コンポート，フルーツ酢，つくだ煮）

●ジャム

電子レンジの短時間加熱で作るジャムは，ポリフェノール類のアントシアニンなどの減少が少なく，抗酸化物質も豊富に残る。

病気の元凶となる活性酸素から身体を守る保存食品であり，甘味は好みに合わせて増減できる。100g当たり電子レンジ600Wで2分加熱後，取り出して底に沈んだ砂糖を混ぜて溶かし，ラップを外して煮詰める。半球形の耐熱ガラスのボウルは，あくが上部の縁に沿って固まり，すくって除かなくてもジャムに混ざらず，透明感ある仕上がりになる。

●コンポート

電子レンジで加熱すると短時間で温度が上がり，フルーツ特有のたんぱく質分解酵素プロテアーゼやポリフェノールオキシダーゼが効力を失う。ビタミン類，ミネラル類も残り，色美しく，香り高く出来上がる。鍋で煮たときのような煮くずれも起こらない。

●フルーツ酢

「フルーツ酢」は，フルーツを酢と砂糖に浸し，電子レンジで軽く加熱することでマイクロ波の振動がフルーツ成分の酢への滲出をスピードアップさせ，12時間後には飲用可能になる。フルーツ酢は和食献立の酢の物の代わりをつとめる。

〈酢の効果〉

・酢酸でダイエット＆疲労回復

　　酢に豊富に含まれる酢酸は，脂肪や糖分をエネルギーに変える「クエン酸回路」という仕組みを活発にする。この働きで疲労が早く回復し，さらに体脂肪の分解が促されてダイエット効果が生まれる。

・アミノ酸でダイエット＆美肌に

　　酢には脂肪の燃焼を助けるアミノ酸が豊富に含まれる。アミノ酸には脂肪の蓄積を防ぐ作用があり，肌の新陳代謝をよくし，美肌作りにも効果を発揮する。

・高血圧・高コレステロール・高血糖を改善

　　高血圧症，脂質異常症，糖尿病などの生活習慣病の予防・改善に，酢が有効であることは，科学的に実証されている。これまでの研究で，1日に大さじ1杯の酢（15g）を取り続けるだけで，血圧やコレステロールが低下することがわかっている。

●つくだ煮

だしを取った後の削り節を，ラップをかけずに電子レンジで加熱すると，水分が蒸発し，乾いた状態になる。少量なら指でもみ，量が多ければフードプロセッサーなどで粉砕して，加熱した調味料と合わせると，保存料ゼロのつくだ煮ができる。

1　いちごジャム　　ジャム

全量460kcal／塩分0g

　いちごは加熱によりペクチンが溶け出て空気を抱き込むため，ジャムを作る過程で容器から溢れやすい。いちごの量の3倍量のボウルを用意するとよい。

[材料] 出来上がり1カップ（250g）
　いちご（へたを取ったもの）……………200g
　砂糖………………………………………100g
　レモン汁……………………大さじ2（30g）
　サラダ油*…………………小さじ1/2（2g）

[作り方]
① いちごの量の3倍以上の大きさの耐熱ボウルにいちごを入れ，サラダ油*，砂糖，レモン汁の順に加える。
② 両端を少しずつあけてラップをかけ，電子レンジ600Wで4分加熱する。
③ 取り出して，木べらで混ぜて砂糖を溶かし，ラップはかけずに電子レンジで2分加熱して煮詰める。
④ 熱いうちに，完全に乾いている瓶に詰め，ふたをする。
＊サラダ油は好みにより加える。サラダ油を加えると吹きこぼれしにくくなる。
※冷蔵で1か月，冷凍で1年間保存できる。

2　オレンジマーマレード　　ジャム

全量472kcal／塩分0g

　レモンの皮の苦味がオレンジマーマレードの味を引き締める。

[材料] 出来上がり1カップ（250g）
　オレンジ……………………………1個（200g）
　レモンの皮（3×10cm）………………1枚
　砂糖………………………………………100g
　レモン汁……………………大さじ2（30g）

[作り方]
① オレンジとレモンは蛇口の湯をかけながら，ブラシで洗ってワックスなどを落とし，水気を拭き取る。オレンジは6つのくし形に切り，皮付きのまま2mm幅の薄切りに，レモンの皮も同様に2mm幅の薄切りにする。
② 耐熱ボウルに①を入れ，砂糖，レモン汁の順に加える。両端を少しずつあけてラップをかけ，電子レンジ600Wで4分加熱する。
③ 取り出して，木べらで混ぜてボウルの底に沈んでいる砂糖を溶かし，ラップをかけずに電子レンジで2分加熱して煮詰める。
④ 熱いうちに，完全に乾いている瓶に詰め，ふたをする。
※冷蔵で1か月，冷凍で1年間保存できる。

3 りんごジャム

ジャム

全量310kcal／塩分0g

りんごの皮が赤色のときは皮をむかずに，赤色でないときは皮をむいて作る。りんごは糖度が高いので，砂糖は少なめにする。

[材料] 出来上がり1カップ（200g）

りんご………………………… 小1個（200g）

砂糖……………………………………… 50g

レモン汁……………………… 大さじ1（15g）

[作り方]

① りんごは6つのくし形に切り，芯を除く。皮がきれいなときは皮付きで，皮の色がさえないときはむいて，2mm幅の薄切りにする*。耐熱ボウルに入れ，砂糖，レモン汁の順に加える。

② 両端を少しずつあけてラップをかけ，電子レンジ600Wで4分加熱する。

③ 取り出して，木べらで混ぜて砂糖を溶かし，ラップをかけずに電子レンジ600Wで2分加熱して煮詰める。

④ 熱いうちに，完全に乾いている瓶に詰め，ふたをする。

＊りんごの薄切りが難しいときは，3cm角ほどにざく切りし，砂糖，レモン汁とともにフードプロセッサーでみじん切りにしてもよい。

※冷蔵で1か月，冷凍で1年間保存できる。

4 いちじくのコンポート

コンポート

全量180kcal／塩分0g（シロップも含む）

ラップが広がって果汁がしみ出さないように，小さめのボウルで作る。

[材料] 作りやすい分量

いちじく………………… 2個（皮付きで150g）

白ワイン（または水）…… 1/4カップ（50mL）

砂糖……………………………… 大さじ2（18g）

レモン汁……………………… 大さじ1（15g）

[作り方]

① いちじくは皮をむき，へたの先を切り落とす。

② 30×30cmのラップに①をのせ，耐熱ボウルに入れる。ラップの縁を立ち上げて閉じる。電子レンジ600Wで1分30秒～2分加熱する。いちじくから出た水分が煮立ってきたら，設定時間内でも加熱を止めて取り出す。

③ ラップを開き，白ワイン（または水），砂糖，レモン汁を注ぎ，ラップを閉じる。電子レンジ600Wで1分加熱する。

④ 取り出して，冷ます。

※冷蔵で1か月，冷凍で1年間保存できる。

5　もものコンポート　　　コンポート

全量292kcal／塩分0g（シロップも含む）

電子レンジ加熱では形は崩れず，とろけるような食感に仕上がる。

[材料] 作りやすい分量

もも·····························1個（正味200g）

白ワイン（または水）······1/2カップ（100mL）

Ⓐ

┌レモン汁····························大さじ1（15g）

│レモンの皮（2×5cm）···············1枚

└シナモン棒*······················3cm（1g）

はちみつ····························大さじ2（46g）

[作り方]

① ももは皮をむく。むきにくいときは熱湯につけて冷水に取れば，むきやすくなる。種を除いて6〜8個のくし形に切る。

② 耐熱ボウルに白ワイン（または水）を注ぎ，Ⓐを加えてはちみつが溶けるまで混ぜ，①を加える。

③ 両端を少しずつあけてラップをかけ，電子レンジ600Wで2分加熱する。

④ 取り出して，ラップを沈めてじかにかぶせ，冷ましながら味を含ませる。

＊スパイスはなくてもよいし，好みで変えてもよい。

※冷蔵で1週間，冷凍で1年間保存できる。

6　りんごのコンポート　　　コンポート

全量199kcal／塩分0g（シロップも含む）

コンポートは，加熱後に取り出してラップを外し，空気に触れさせると鮮やかに発色する。

[材料] 作りやすい分量

りんご（紅玉）····················1個（160g）

砂糖·····························大さじ3（27g）

レモン汁····························大さじ1（15g）

[作り方]

① りんごは芯抜き器，あるいはペティナイフとティースプーンで芯を除き，厚さ3mmの輪切りにする。

② 小さめの耐熱ボウルにラップを敷き，①を入れ，砂糖をのせ，レモン汁をかける。

③ ラップを寄せてりんごを包み，電子レンジ600Wで3分加熱し，取り出す。

④ ラップを開いて空気に触れさせ，発色したら冷ます。

※冷蔵で1週間，冷凍で1年間保存できる。

7 レモン酢 　　　　　　　　　　　　　　　　　フルーツ酢

大さじ1当たり24kcal／塩分0g

　レモンに含まれるクエン酸や酢に含まれる酢酸は，体内の糖や脂肪をエネルギーに変えるクエン酸回路の働きを活発にし，新陳代謝を助け，疲労回復に役立つ。

［材料］450mL容量の瓶1個分

　レモン‥‥‥‥‥‥‥‥‥‥‥1個（正味100g）

　氷砂糖*‥‥‥‥‥‥‥‥‥‥‥‥‥‥‥‥100g

酢**‥‥‥‥‥‥‥‥‥‥‥‥‥‥‥‥‥‥200mL

［作り方］

① 　レモンは湯をかけながら，表面をたわしでゴシゴシ洗い，キッチンペーパーで水分を取り，幅1cmほどの輪切りにする。

② 　瓶にレモンと氷砂糖を入れ，酢を注ぐ。

③ 　ふたはせずに電子レンジ600Wで30秒加熱する（この時点では氷砂糖は溶けていない）。

④ 　取り出して，ラップをじかにのせて瓶にふたをする。常温で12時間おいたら出来上がり。レモンは取り出さなくてもよい。

＊黒砂糖や上白糖，きび砂糖などでもよい。その場合は沈殿するので，乾いた箸などでこまめにかき混ぜて溶かす。

＊＊米酢，玄米酢，黒酢などの穀物酢や，りんご酢などの果実酢を使ってもよい。

※常温で1年間保存できる。

8 りんご酢 　　　　　　　　　　　　　　　　　フルーツ酢

大さじ1当たり24kcal／塩分0g

［材料］450mL容量の瓶1個分

　りんご‥‥‥‥‥‥‥‥約1/2個（正味100g）

　氷砂糖*‥‥‥‥‥‥‥‥‥‥‥‥‥‥‥‥100g

　米酢**‥‥‥‥‥‥‥‥‥‥‥‥‥‥‥‥200mL

［作り方］

① 　りんごはよく洗ってからキッチンペーパーで水分を取り，4等分して芯を除き，皮ごと

幅1cmのイチョウ切りにする。

② 　瓶に氷砂糖と①を入れ，米酢を注ぐ。ふたをせずに電子レンジ600Wで30秒加熱する（この時点で，氷砂糖は溶けていない）。

③ 　瓶にラップをじかにのせ，ふたをする。常温に12時間おいたら出来上がり。りんごは取り出さなくてもよい。

＊上白糖，グラニュー糖，きび砂糖，黒砂糖，はちみつなどを氷砂糖と同量用いてもよい。

＊＊酢は穀物酢，純米酢，黒酢，ワインビネガーなど好みのものを用いるとよい。

※摂取量の目安は，1日当たり大さじ2〜3杯。そのまま飲んでもよいし，水や湯で薄めてもよい。朝，昼，晩の食事の前に飲むと効果的。

※電子レンジを使わない場合，氷砂糖が溶けたり，りんごのポリフェノールや水溶性のビタミン群が浸出したりするのに2週間かかる。

9　削り節のつくだ煮　　つくだ煮

全量326kcal／塩分5.2g

[材料] 出来上がり120g

削り節（だしを取った後のもの）……………60g

Ⓐ

┌ しょうゆ……………………大さじ2（36g）
│ 砂糖………………………大さじ2（18g）
│ みりん………………………大さじ2（36g）
│ サラダ油…………………小さじ1/2（2g）
│ 一味唐辛子…………………小さじ1/4
└ いりごま（白）……………小さじ2（6g）

[作り方]

① 耐熱皿にキッチンペーパーを敷き，だしを取った後の固く絞った削り節を均等にのせる。ラップをかけずに電子レンジ600Wで6分加熱し，パリパリにする。

② ポリ袋に移し，袋の外からもんでフレークにする。

③ 耐熱ボウルにⒶを入れ，ラップはかけずに電子レンジ600Wで1分加熱する。

④ 取り出して②を加えて混ぜる。

※冷蔵で1週間，冷凍で1年間保存できる。

4. おせち料理

　材料さえ用意しておけば，4人分（2人で食べて2日分）の7品のおせち料理が，2時間ほどで出来上がる。電子レンジ調理の時短テクニックを随所に使うことで，スピード，味，見た目に優れた「三方良し」のおせち料理ができる。

1　伊達巻　　　　　　　　　　　　　口取り

　魚のすり身を加えた厚焼き卵を，熱いうちに巻き締めたものを伊達巻という。その形から巻物（書物）に例えられ，文化発展の願いが込められている。

　調理のポイントは，電子レンジの追い加熱で，生焼けを防止することである。

[材料] 作りやすい分量

はんぺん……………………………1枚（110g）
卵……………………………………3個（150g）
砂糖……………………………大さじ2（18g）
塩…………………………………少々（0.2g）

[作り方]

① ポリ袋にはんぺんを入れ，その上から麺棒やすりこ木でたたいてつぶし，そのあと転がしてペースト状にする。または，フードプロセッサーにかける。

② ボウルに①を移し，卵，砂糖，塩を加えて滑らかになるまで混ぜる。

③ フライパンにクッキングシートを敷き，②を流し入れ，ふたをして弱火で10分焼く。

④ クッキングシートごと取り出して耐熱皿にのせ，ラップをして，電子レンジ600Wで1分加熱する。

⑤ ラップを外し，焼き色が付いている面を上にしてまな板にのせ，まわりを切り落として四角形にし，切れ端は中央にのせてくるくると巻き，ラップまたは巻きすでさらに巻き，輪ゴムで止める。

⑥ 冷めたら，幅1cmに切り分ける。

2 黒豆 祝肴

[材料] 作りやすい分量

甘納豆（黒豆またはミックス）……………100g
水………………………………………………100mL
Ⓐ
　┌ 砂糖…………………………大さじ2（18g）
　└ しょうゆ……………………小さじ1（6g）

[作り方]

① 耐熱ボウルに甘納豆を入れ，水を注ぎ，Ⓐ
　を加えて混ぜる。

② 甘納豆にじかに張り付けるようにラップを
　置き，余った分はボウルの縁に沿わせるよう
　にかぶせる。

③ 電子レンジ600Wで2分加熱し，取り出し
　て冷めるまでおく*。

＊取り出した後，ウイスキー大さじ1を加えて
　洋風にするのもよい。

※甘納豆はそれだけで十分に甘いが，砂糖を加
　えたほうが煮豆にもどりやすい。

　黒大豆（黒豆）を水で十分にもどして，甘く
煮含めた料理で，「達者（まめ＝健康）に暮らせ
るように」という願いが込められている。

　煮豆を乾かし，グラニュー糖をまぶしたもの
が甘納豆なので，その工程を逆にたどる。しょ
うゆ風味の昔ながらの黒豆の味もよいし，ミッ
クス甘納豆で作ってもよい。

3 田作り（ごまめ） 祝肴

[材料] 作りやすい分量

田作り（乾燥），または食べる煮干し……30g
Ⓐ
　┌ 砂糖……………………………大さじ1（9g）
　│ しょうゆ………………………大さじ1（18g）
　│ 酒………………………………大さじ1（15g）
　│ 赤唐辛子（輪切り）……少々（好みで）（0.1g）
　└ サラダ油………………………小さじ1（4g）
　いりごま（白）………………………………少々

[作り方]

① 耐熱皿に田作りを広げ，ラップはしないで
　電子レンジ600Wで1分加熱する。

② 直径20cmほどの耐熱ボウルにⒶを入れ，
　ラップはせずに電子レンジ600Wで2分加熱
　する。

③ ②に①を加えてからめ，クッキングシート
　を敷いた皿に広げ，ごまを振り，冷ます。

　田作りはイワシの甘露煮のことで，その呼び
名は，昔は干しいわしを田んぼの肥料にしたこ
とに由来する。豊漁豊作を願って作る。

　焙烙にかかる作業を，電子レンジ加熱1分で
済ませる。

4　紅白なます　

なますは「膾」と書き，生の材料を酢で調理したものを指す。紅白なますは，にんじんと大根の紅白のめでたさにちなんだ一品である。

[材料] 作りやすい分量

大根……………………………………200 g
にんじん…………………………………30 g
塩………………………小さじ1/2（3 g）

Ⓐ
　砂糖………………………大さじ3（27 g）
　酢…………………………大さじ3（45 g）
　水…………………………大さじ1（15 mL）
　塩………………………小さじ1/5（1.2 g）
ゆずの皮（せん切り）……………………少々

[作り方]

① 大根は幅5 mmの薄切りにしてから重ね，斜めに幅5 mmの細切りにする。にんじんは繊維に沿って幅2 mmほどの薄切りにし，さらに繊維に沿ってせん切りにする。

② 耐熱ボウルに①を入れ，塩を加えて混ぜ，ラップはしないで電子レンジ600 Wで30秒加熱する。取り出して固く絞る。

③ 保存容器にⒶを合わせて砂糖を溶かし，②を加えて混ぜる。

④ 器に盛り，ゆずの皮をのせる。

5　酢ばす　

酢ばす（酢蓮）は，れんこん（蓮根）を甘酢に漬けたものである。れんこんには13個の穴があり，将来を見通せるという希望を込めて作る。清らかさを表す白色に仕上げる。電子レンジ加熱により漬け込み時間を短縮できる。

[材料] 作りやすい分量

れんこん………………………………100 g

水……………………………1カップ（200 mL）
酢…………………………大さじ1（15 g）
Ⓐ
　酢…………………………大さじ4（60 g）
　砂糖………………………大さじ4（36 g）
　水…………………………大さじ2（30 mL）
　塩………………………小さじ1/4（1.5 g）
赤唐辛子（小口切り）…………少々（好みで）

[作り方]

① れんこんは皮をむき，大きい場合は縦2つに切り，2 mm幅の薄切りにする。酢水に浸けて10分おく。

② 耐熱ボウルにⒶを入れて混ぜ，水気を切った①を加えて上下を返す。ラップをして電子レンジ600 Wで2分加熱する。

③ 耐熱ボウルに入れたまま常温まで冷まし，ふた付きの容器に移す。

④ 器に酢ばすを盛り，赤唐辛子をのせる。

6　栗きんとん　□取り

きんとんは「金団」とも書き，その黄金色が「財をなす」に通じる縁起物である。

[材料] 作りやすい分量

さつま芋……………………… 1 本（正味200 g）

Ⓐ

「栗の甘露煮のシロップ…1/4 カップ（56 g）

水………………… 1/4 カップ（50 mL）

砂糖……………………1/2 カップ（65 g）

塩………………………………少々（0.2 g）

栗の甘露煮……………… 100 g（約8個）

[作り方]

① さつま芋は両端を切り落とし，ピーラーで黒い芽の跡が見えなくなるまで皮をむく。幅3 cmの輪切りにし，水に放す。

② 耐熱ボウルに①の水気を切って移し，水1カップ（200 mL，分量外）を注ぎ，両端を少しずつあけてラップをかけ，電子レンジ600 Wで6分加熱する。

③ 竹串がさつま芋にスッと通るようになったら湯を捨て，マッシャーでつぶし，Ⓐを加え，電子レンジで3分加熱する。取り出して泡立て器で混ぜ，ラップをもどし，電子レンジで2分加熱し，取り出してもう一度混ぜる。

④ 栗の甘露煮は好みのサイズに切って③に加えて混ぜ，冷ます。

7　筑前煮　煮物

根菜の「こん」にあやかって，「根気よく勉学に励むように」との願いが込められている。

[材料] 作りやすい分量

和風野菜ミックス（冷凍）…… 1 パック（300 g）

鶏もも肉……………………………200 g

Ⓐ

「しょうゆ…………………大さじ2（36 g）

砂糖……………………………大さじ2（18 g）

酒………………………………大さじ2（30 g）

Ⓑ

「片栗粉……………………小さじ1（3 g）

水…………………………小さじ2（10 mL）

絹さや（筋を除く）………………6 枚（24 g）

[作り方]

① 耐熱ボウルにキッチンペーパーを敷き，野菜ミックスを入れ，ラップをかけ電子レンジ600 Wで6分加熱する。ペーパーごと野菜を取り出し，ボウルの水分を拭き野菜をもどす。

② 鶏肉は10個に切り，Ⓐを加えて混ぜる。

③ ①に②をのせ，落としぶた代わりにラップを張り付け，電子レンジで8分加熱し，Ⓑを加えてとろみを付ける。

④ 絹さやは，水大さじ2（30 mL，分量外）を加え，30秒加熱する。水で冷まし，斜めに切る。

⑤ ③を器に盛り，④を添える。

5. 電子レンジ加熱の特性を生かしたおやつ

　電子レンジ加熱には次の特性がある。①膜のある食品は破裂する，②食品に含まれる油脂の割合でマイクロ波の浸透距離が異なる，③食品に含まれる水を1,700倍の体積の水蒸気に変える，などである。これらの特性を利用した，子どもでも作れるおやつを紹介する。

1　ポップコーン　　　　　　　　　　　　破裂

全量12kcal／塩分0g

　膜のある食品を電子レンジで加熱すると破裂するという，使用上の注意点を逆手にとった方法でおやつを作る。わずか2分で出来上がる。

[材料] 1人分
　　とうもろこしの粒（爆裂種・乾燥）…… 大さじ1

[作り方]
①　幅12×長さ23.5cmの封筒に，とうもろこしの粒を入れる。
②　まず口を折り，次に封筒の中央のところで2つ折りにする。とうもろこしの入っているほうを上にして置き，電子レンジ600Wで1〜2分加熱する。
③　パンパンというにぎやかな音が静かになったら，取り出す。

2　かぼちゃチップス　　　　　　　　　　水蒸気

全量73kcal／塩分0g

　ラップをかけずに電子レンジで加熱すると，食材の中の水分は1,700倍の体積の蒸気になって蒸発し，冷めると乾燥品に変わる。
　水分が飛ぶに従って，食材の糖分濃度が上がり，焦げやすくなるので注意する。

[材料] 作りやすい分量
　　かぼちゃ……………………………………… 1/8個

[作り方]
①　かぼちゃは種とワタをスプーンで取り除き，皮を付けたまま厚さ2〜3mmの薄切りにする。
②　耐熱皿にキッチンペーパーを敷き，真ん中をあけて①を並べ，ラップをかけずに電子レンジ600Wで3〜4分加熱する。
③　取り出して，キッチンペーパーをかぶせるようにして押さえ，水分を取り除く。
④　耐熱皿の水気を拭き取って，新しくキッチンペーパーを敷き，真ん中をあけて③を並べ，ラップをかけずに電子レンジ600Wで1〜2分，焦げない程度に加熱する。
⑤　室温に2〜3時間おき，自然乾燥する。

3　にんじんチップス　水蒸気

全量12kcal／塩分0g

[材料] 作りやすい分量

　にんじん…………………………………… 4〜6cm

[作り方]

① 　にんじんは皮を付けたまま，スライサーや包丁で厚さ2〜3mmの薄切りにする。

② 　かぼちゃチップスの作り方②〜⑤と同様に作る。

4　れんこんチップス　水蒸気

全量26kcal／塩分0g

[材料] 作りやすい分量

　れんこん…………………………………… 2〜3cm

[作り方]

① 　れんこんは皮を付けたまま，スライサーや包丁で厚さ2〜3mmの薄切りにする。

② 　かぼちゃチップスの作り方②〜⑤と同様に作る。

5　チョコバナナ　浸透距離

1本分161kcal／塩分0.04g

油脂分の多いチョコレートはマイクロ波の浸透距離が深いので，溶けていないように見えても，取り出して混ぜるとなめらかになる。

[材料] 2本分

　バナナ………………………………………… 1本

　板チョコレート…………………………… 1枚（35g）

A

　┌ チェリーの砂糖漬け（赤）…………… 1個
　│ チェリーの砂糖漬け（緑）…………… 1個
　│ レーズン……………………………… 4個
　└ オレンジピール…………… 1個（2×1cm）

[作り方]

① 　Aはすべて粗く刻む。

② 　バナナは皮をむいて長さを半分に切り，クッキングシートを敷いたバットにのせてラップをかけ，冷凍庫で2〜3時間かけて凍らせておく。

③ 　チョコレートは手でポキポキ折って紙コップや耐熱コップに入れ，ラップはかけずに電子レンジ600Wで40〜50秒加熱する。スプーンで混ぜてなめらかにする。

④ 　冷凍庫から出したてのバナナの先に③のチョコレートをからめ，固まらないうちに①のドライフルーツをつける。

6. 不足しがちな野菜100gの加熱法とおかず

「健康日本21」では，1人1日350gの野菜の摂取が推奨されているが，国民健康・栄養調査（2017年）では，1人1日当たりの野菜摂取量は288.2gであり，ここ10年横ばい状態である。

●野菜の電子レンジ加熱

電子レンジで野菜を調理する利点を以下に挙げる。

・湯を沸かす必要がないので光熱費が1/4程度で，省エネである

・水溶性のビタミンBやビタミンC，およびミネラルが多く残る

・野菜の歯ごたえが失われない

・出来上がりの発色がよい

・調理時間を短縮できる

　加熱の際は野菜100gにつき，水大さじ1（15mL）をかける。ふんわりとラップをかけ，電子レンジ600Wで1分30秒〜2分で完成する。あくがでる場合は，水に取って絞るとよい。

野菜100gの加熱法の例

ほうれん草100gを切る　　水大さじ1をかける　　電子レンジ500Wで　　水に取って絞って調味する
　　　　　　　　　　　　　　　　　　　　　　1分30秒加熱する　　［1人分20kcal/塩分0.4g］

キャベツ100g　　　　　　　大根100g　　　　　　　　にんじん100g
酢…大さじ1（15g）　　　和風だし（顆粒）…小さじ1/4　　塩…少々（0.2g）
鶏がらスープ（顆粒）…小さじ1/4　しょうゆ…小さじ1/4（1.5g）　砂糖…小さじ1/4（0.75g）
　　↓1分30秒加熱　　　　　　　↓2分加熱　　　　　　　　↓2分加熱

サワーキャベツ　　　　　　大根おでん煮　　　　　　　にんじんグラッセ
［1人分23kcal/塩分0.4g］　［1人分18kcal/塩分0.4g］　［1人分46kcal/塩分0.2g］

1　もやし炒め

1人分25kcal／塩分0.4g

　もやしは，大豆，緑豆，ブラックマッペなどの豆を暗所で発芽させ，本葉が開かないうちに収穫したものである。最も流通量の多い緑豆もやしの場合，シャキシャキした食感を生かすた

め，100gにつき，電子レンジ600Wで2分加熱が必要なところを半分の1分に短縮し，取り出した後の余熱も利用する。

[材料]　1人分

もやし……………………………………100g

Ⓐ

[
ごま油……………………小さじ1/4（1g）
塩……………………………少々（0.2g）
鶏がらスープのもと（顆粒）
…………………ミニスプーン1/2（0.4g）

[作り方]

① 耐熱容器にもやしを入れ，Ⓐをかける。

② ふんわりとラップをかけ，電子レンジ600Wで1分加熱する。

③ 取り出して混ぜる。

2　じゃが芋のソテー

1人分151kcal／塩分0.2g

[材料]　1人分

じゃが芋*………………………1個（150g）

オリーブオイル………………小さじ1（4g）

塩…………………………………少々（0.2g）

こしょう………………………少々（0.01g）

[作り方]

① じゃが芋は皮ごと洗い，ぬれたままポリ袋に入れ，小皿にのせる。

② ①を電子レンジ600Wで3分加熱する。

③ 竹串を刺してみてスーッと通るようであれば，袋から出し，幅1cmの輪切りにする。

④ フライパンを温め，オリーブオイルを流し，③を並べ入れて両面を焼き**，塩，こしょうする。

＊さつま芋，さと芋，長芋でもよい。

＊＊電子レンジで加熱調理すると炒め物風に仕上げることができるが，フライパンなどで焼き付けたときの香ばしい香りや色合いを出すことはできない。ここでは，芋に限って，フライパンを使用した。電子レンジで加熱済みの芋は，通常調理で使用する油の1/3の量で焼き目をつけることができる。

3　パプリカのソテー

1人分31kcal／塩分0.2g

[材料]　1人分

パプリカ………………………………………100g
サラダ油……………………小さじ1/4（1g）
塩………………………………少々（0.2g）

[作り方]

① パプリカは種を取って幅1.5cmのくし形に切る。

② 耐熱容器に入れ，水大さじ1（15mL，分量外）を加え，ふんわりとラップをかけ，電子レンジ600Wで1分加熱する。

③ 湯を捨て，サラダ油と塩で調味する。

4　さやいんげんのごまあえ

1人分44kcal／塩分0.8g

[材料]　1人分

さやいんげん…………………………………100g
ごまだれ…………………………大さじ1（15g）

[作り方]

① さやいんげんの両端を落とし，4cm長に切る。

② 耐熱容器に入れ，水大さじ1（15mL，分量外）を加え，ふんわりとラップをかけ，電子レンジ600Wで2分加熱する。

③ 水に取ってざるへ上げ，ごまだれであえ，器に盛る。

5　ブロッコリーのサラダ

1人分95kcal／塩分0.6g

[材料]　1人分

ブロッコリー…………………………………100g
和風ドレッシング………………大さじ1（15g）

[作り方]

① ブロッコリーは小房に分ける。

② 耐熱容器に入れ，水大さじ1（15mL，分量外）を加え，ふんわりとラップをかけ，電子レンジ600Wで1分30秒加熱する。

③ 水に取ってざるへ上げ，器に盛り，ドレッシングをかける。

7. 1人分の汁・スープ料理

　電子レンジ加熱では，少量の材料でも煮詰まらず，1人分の汁物作りに適している。

　例えば，シジミのみそ汁は5分ででき，具だくさんの豚汁は8分，本格的なコーンポタージュなども6分でできる。

　おいしい汁やスープは食卓を豊かに演出し，具材によりたんぱく質や野菜を取りやすくする。

　ここで紹介するのは1人分のレシピであるが，2人分のときは材料，加熱時間ともに2倍にすればよい。ただし，それ以上の量になると，鍋で作った場合と調理時間はあまり変わらなくなる。

1　一番だしを取る

全量12kcal／塩分0.6g

　汁物，めんつゆ，そばつゆ，あえ物のベースになる日本のだし。

[**材料**] 出来上がり約600mL

水‥‥‥‥‥‥‥‥‥‥‥‥‥‥‥‥‥‥700mL

昆布（4cm角）‥‥‥‥‥‥‥‥‥3枚（9g）

削り節‥‥‥‥‥‥‥‥‥‥‥小3パック（9g）

[**作り方**]

① 耐熱容器に水を注ぎ，昆布と削り節を加える。

② ラップはかけずに電子レンジ600Wで7分加熱する。

③ 取り出して，万能こし器でこす。

④ 冷めたら，ふた付き容器に移す。

※冷蔵で5日間，冷凍で1か月保存できる。

〈参考〉1人分のだしを取る

1人分3kcal／塩分0.2g

[**材料**] 出来上がり1人分（150mL）

水‥‥‥‥‥‥‥‥‥‥‥‥‥‥‥‥‥170mL

昆布（4×2cmのもの）‥‥‥‥‥1枚（1.5g）

削り節‥‥‥‥‥‥‥‥‥‥‥小1パック（3g）

[**作り方**]

① 耐熱容器に水を注ぎ，昆布と削り節を加える。

② ラップはかけずに電子レンジ600Wで2分加熱する。

③ 取り出して，茶こしでこす。

※その日に使うのがベストだが，冷蔵で5日間，冷凍で1か月保存できる。

2　簡単だし汁・スープ・つゆ

●自家製粉末だし

　煮干し50gをキッチンペーパーの上に広げ，ラップなしで電子レンジ弱キー（150～200W）または解凍キーで3分，水分が飛んでカラカラの状態になるまで加熱する。頭と内臓を除いてからフードプロセッサーで粉末にする。みそ汁のだしをはじめ，煮物や炒め物のうま味だしに手軽に利用できる。

●簡単野菜ブイヨン

　耐熱ボウルに水340mL，薄切りにした玉ねぎ60g，にんじん40g，セロリ20gを入れ，あればパセリの茎少々，ローリエ1/2枚を加える。両端を少しずつあけてラップをかけ，電子レンジ600Wで4分加熱する。取り出して茶こしでこせば，2人分の野菜ブイヨン（300mL）が出来上がる。スープ，シチュー，煮物に適している。

●簡単チキンブイヨン

　耐熱ボウルに水340mLを入れ，鶏ひき肉60g，しょうがの薄切り2枚，3cm長さに切った長ねぎ2本（15g）を加えて混ぜる。両端を少しずつあけてラップをかけ，電子レンジ600Wで4分加熱する。取り出して茶こしでこせば，2人分のチキンブイヨン（300mL）が出来上がる。

●簡単甘酢

　耐熱ボウルに水大さじ8（120mL），酢大さじ4（60g），砂糖大さじ4（36g），酒大さじ2（30g），塩小さじ1（6g），昆布（3×3cm）2枚を入れ，ラップをかけずに電子レンジ600Wで2分加熱する。取り出して砂糖が溶けるまで混ぜれば，甘酢（200mL）の完成である。

　冷蔵庫で1か月保存できる。

●めんつゆ（3倍濃縮）

　耐熱ボウルに水1カップ（200mL）と削り節1カップ（10g），しょうゆ大さじ4（72g），みりん1/4カップ（50g），砂糖大さじ1（9g）を入れてラップをかけ，電子レンジ600Wで3分加熱する。取り出してそのまま粗熱を取り，茶こしでこせば，めんつゆ（300mL）の出来上がり。急ぐときは，ボウルを氷水に浮かべて素早く冷やす（写真）。

　冷蔵庫で冷やし，そばやうどん，そうめんのめんつゆになり，天つゆや煮物のだしとしても重宝する。

3　豆腐とわかめのみそ汁

だし汁を使わない汁物

1人分93kcal／塩分1.2g

[材料]　1人分

水………………………………………150mL
木綿豆腐………………………………100g
カットわかめ（乾燥）………ひとつまみ（0.5g）
液体みそ（だし入り）…………小さじ2（10g）

[作り方]

① 豆腐は1cm角に切る。
② 耐熱容器に水を注いで①とわかめを入れ，液体みそを加える。
③ 電子レンジ600Wで4分加熱する。

4　シジミのみそ汁

だし汁を使わない汁物

1人分36kcal／塩分1.3g

[材料]　1人分

水………………………………………150mL
シジミ…………………………………100g
液体みそ………………………小さじ2（10g）

[作り方]

① 耐熱容器に液体みそを入れ，水を注ぎ，シジミを加え，ラップをかけずに電子レンジ600Wで3分加熱する。
② シジミが口を開いたら，出来上がり。

5　豚　汁

だし汁を使わない汁物

1人分100kcal／塩分1.2g

[材料]　1人分
豚薄切り肉………………………1枚（20g）
じゃが芋…………………………小1/2個（50g）
にんじん…………………………2cm（20g）

長ねぎ（緑色の部分）………………………10cm
水………………………………………150mL
液体みそ…………………………小さじ2（10g）
七味唐辛子………………………………少々

[作り方]

① 豚肉は3cm幅に切る。じゃが芋とにんじんは乱切りにし，長ねぎは1.5cm長のぶつ切りにする。
② 耐熱容器に①を入れ，両端を少しずつあけてラップをかけ，電子レンジ600Wで2分加熱する。
③ 取り出して水を加え，液体みそを加え，ラップをかけずに電子レンジで3分加熱する。
④ 器に盛り，七味唐辛子を振る。

6　ミネストローネ　　　　スープ

1人分146kcal／塩分1.4g

[材料]　1人分

Ⓐ

｜にんじん‥‥‥‥‥‥‥‥‥‥‥‥ 1cm（5g）
｜玉ねぎ‥‥‥‥‥‥‥‥‥‥‥ 1/8個（25g）
｜セロリ‥‥‥‥‥‥‥‥‥‥‥‥ 3cm（5g）
└トマト‥‥‥‥‥‥‥‥‥‥‥‥ 小1個（50g）
大豆（水煮缶）‥‥‥‥‥‥‥‥ 大さじ3（10g）
オリーブオイル‥‥‥‥‥‥‥‥ 小さじ2（8g）
水‥‥‥‥‥‥‥‥‥‥‥‥ 1/2カップ（100mL）
塩‥‥‥‥‥‥‥‥‥‥‥‥ 小さじ1/5（1.2g）
こしょう‥‥‥‥‥‥‥‥‥‥‥ 少々（0.02g）

[作り方]

① Ⓐの野菜はすべて1cm角に切り，耐熱ボウルに入れる。

② ①に大豆の汁を切って加え，オリーブオイルをかけて，両端を少しずつあけてラップをかけ，電子レンジ600Wで3分加熱する。

③ 取り出して，水を注ぎ，電子レンジで1分30秒加熱する。取り出して，塩，こしょうする。

7　かぼちゃのポタージュスープ　　スープ

1人分236kcal／塩分1.4g

[材料]　1人分

かぼちゃ（種とワタを除いたもの）‥‥‥‥100g
牛乳‥‥‥‥‥‥‥‥‥‥‥‥‥‥ 150mL
塩‥‥‥‥‥‥‥‥‥‥‥ 小さじ1/5（1.2g）
こしょう‥‥‥‥‥‥‥‥‥‥‥ 少々（0.02g）
クラッカー‥‥‥‥‥‥‥‥‥‥ 2枚（8g）

[作り方]

① かぼちゃは皮をむき，水でぬらしてポリ袋に入れ，口は閉じずに耐熱容器にのせる。

② 電子レンジ600Wで2分加熱する。竹串を刺してみて，スーッと通ればよい。取り出して，袋の外からめん棒やビール瓶などでたたいてつぶす。

③ 耐熱容器に②を移し，牛乳と塩，こしょうを加えて混ぜる。ラップはかけずに電子レンジで3分加熱する。

④ 取り出して，混ぜ，器に盛り，好みでクラッカーを添える。

8. 冷凍食品をおいしく加熱する

1　コロッケ

　調理のポイントは，キッチンペーパーとラップなし加熱である。

　耐熱皿にキッチンペーパーを敷き，冷凍コロッケ1個（100g）をのせ，ラップはかけずに電子レンジ600Wで2分加熱する。取り出してそのまま30秒おくと，キッチンペーパーが余分な油を吸収し，加熱された衣の水分が抜けてサクサクの食感が得られる。

2　ハンバーグ

　コロッケと同様にキッチンペーパーとラップなし加熱を行う。

　耐熱皿にキッチンペーパーを敷き，冷凍ハンバーグ1個（75g）をのせ，ラップはかけずに電子レンジ600Wで1分30秒加熱する。

3　カレー

　とろみ濃度が強い煮込みものは，汁と具で熱の吸収率が異なるため，内側と外側，内部と表面で加熱状況が違ってくる。そこで，二度混ぜを行う。

　冷凍カレーの耐熱容器にふたがあれば少しずらし，なければ両端を少しずつあけてラップをかけ，1食分200gにつき電子レンジ600Wで2分加熱する。一度取り出して全体をよく混ぜ合わせ，再度電子レンジにもどし，2分加熱する。取り出して混ぜ，均一の熱さにしたら，温かいご飯にかける。

9. 市販食品をおいしく温める

1 ウナギのかば焼き

　酒を振ることで，ふっくら軟かく，香ばしくツヤツヤに温まる。

　耐熱皿にクッキングシートを敷き，ウナギのかば焼きをのせる。1/2尾分（約100g）につき酒小さじ1を振り，両端を少しずつあけてラップをかけ，電子レンジ600Wで1分加熱する。切ってある場合は，温まるとウナギ同士がくっつくので，少しずつ離して皿に並べる。

2 シュウマイ

　調理のポイントは，最初に水にくぐらせることである。

　耐熱皿にクッキングシートを敷き，水にくぐらせたシュウマイを並べる。両端を少しずつあけてラップをかけ，100gにつき電子レンジ600Wで1分加熱する。

3 鶏のから揚げ

　表面をカラリと，中をふっくらと仕上げるコツは，キッチンペーパーとラップなし加熱にある。

　耐熱皿にキッチンペーパーを敷き，から揚げを並べる。ラップはかけずに100gにつき電子レンジ600Wで1分加熱する。底が平らな耐熱皿の場合は，下に1枚皿などを敷いて浮かせると，むらなく全体が温まる。エビフライ，トンカツなどを温める場合も同様に行う。

〔著　者〕

肥後 温子（ひご・あつこ）　　　　　　　　　　　　　　　　　　　　〈Ⅰ・Ⅱ担当〉

- 1944年生まれ。岐阜県出身
- 奈良女子大学卒業，同大学院修士課程修了，学術博士（奈良女子大学），管理栄養士
- 共同研究のかたちで加熱調理機器の研究に従事，1999年より戸板女子短期大学助教授，教授
- 2005年より2015年まで文教大学女子短期大学部教授，文教大学健康栄養学部教授
- 主な著書，編著書：「電子レンジ・マイクロ波食品利用ハンドブック」，「電子レンジこつの科学」，「調理機器総覧」，「食を支えるキッチングッズ」ほか

村上 祥子（むらかみ・さちこ）　　　　　　　　　　　　　　　　　　〈Ⅲ・Ⅳ担当〉

- 1942年生まれ。福岡県出身
- 福岡女子大学卒業，管理栄養士，料理研究家
- 料理教室を運営する傍ら数々の料理コンテスト等で入賞，1996年に株式会社ムラカミアソシェーツ設立，代表取締役
- 1985年より2010年まで福岡女子大学栄養指導実習講座講師，2017年より福岡女子大学客員教授
- 主な著書：「いれて，チンして，できあがり　簡単！ 電子レンジレシピ100＋」，「60歳からは食べて健康に！ レンチン１回でがんばらない電子レンジのおかず」，「人気レシピ集めました！ 村上祥子のシニア料理教室」ほか

〔写　真〕

株式会社スタジオCOM：中野正景，江口　拓

電子レンジを活用した調理
—加熱特性を知り健康を支援する—

2020年（令和２年）２月５日　初 版 発 行

著　者　肥 後 温 子
　　　　村 上 祥 子
発行者　筑 紫 和 男
発行所　株式会社 建 帛 社
　　　　　　　KENPAKUSHA

〒112-0011　東京都文京区千石４丁目２番15号
TEL（03）3944-2611
FAX（03）3946-4377
https://www.kenpakusha.co.jp/

ISBN 978-4-7679-0655-3　C3077　　　　　　　新協／愛千製本所
©肥後温子・村上祥子，2020.　　　　　　　　Printed in Japan
（定価はカバーに表示してあります）